ORIGAMI PAPIERHÜTE

HUT AUF!

JOAN SALLAS

DANK AN

Ainara Zubia, Dr. Christina Zech, Carles Vallès, Julie Trappe, Anna Thoma, Tarik, Krisha und Elke Thieme, Christian Teuchert, Sebastian, Hans, Christa und Anne-Marie Seiffert, Anja Schmolke, Sina Schmidt, Marlene Schmidt, Marc i Oriol Sallas, Tatiana Rudolf, Jasper und Conny Roth, Rainer Richter, Joan Puente, Niky Prendergast, Christian Neumann, Manel Müller-Ferrando, Torsten Müller, Prof. Dr. Paul Miron, Consuelo Melià, Francesc Magrinyà, Prof. Dr. Elsa Lüder, Holger Kötzle, Thomas Kohler, Tania Kindling, Conni Kammerer, Guido Kaiser, Selma Jahnke, Dag Henriksen-Helseth, Laura González, Jaime González, Oscar Garrido, Fernando Ferrando, Ursula Degener, Mercè Campmany, Agathe Breier, Borja Lopez, Raimund Blattmann, Steffi Bank, Prof. Dr. Mircea Anghelescu und Núria Amat

UND BESONDERS AN

Maria Richter, Eriko Nino, Iñaki Lekuona (dem ich die Baskenmütze widme), Jokin Lekuona, Stefanie Geisberger, Mercé Ferrando und Hansi Breier.

Zu sagen, dass ohne sie dieses Buch nicht möglich gewesen wäre, klingt wie eine leere Floskel. Es ist aber keine. Es stimmt wirklich.

„HUT AUF - ORIGAMI PAPIERHÜTE"
ISBN-3-00-006234-3

© Joan Sallas, Freiburg im Breisgau (Deutschland)
Alle Rechte vorbehalten

Fotos: Hansi Breier
Grafik: Jokin Lekuona und Maria Richter
Übersetzung: Mercé Ferrando
Zeichnungen, Texte und Gestaltung: Joan Sallas
Druck: ANtzA grafikagintza (Baskenland)

1. deutschsprachige Auflage
Juni 2000

Dieses Werk ist urheberrechtlich geschützt. Die dadurch begründeten Rechte, insbesondere die der Übersetzung, des Nachdrucks, der Entnahme von Abbildungen, der Mikroverfilmung auf anderen Wegen und der Speicherung in Datenverarbeitungsanlagen, bleiben, auch bei nur auszugsweiser Verwertung, vorbehalten. Eine Vervielfältigung dieses Buches oder von Teilen davon ist auch im Einzelfall nur in den Grenzen der gesetzlichen Bestimmungen des Urheberrechtsgesetzes in der jeweils geltenden Fassung zulässig. Sie ist grundsätzlich vergütungspflichtig und muss vom Autor schriftlich genehmigt werden. Zuwiderhandlungen unterliegen den Strafbestimmungen des Urheberrechts. Alle in diesem Buch abgebildeten Hutmodelle und deren Diagramme sind Originale des Autors. Jede Ähnlichkeit mit bereits vorhandenen Modellen ist reiner Zufall. Der Autor kann für fehlerhafte Angaben und deren Folgen keine Haftung übernehmen.

BEI EVTL. AUFTRETENDEN FALTSCHWIERIGKEITEN:

sallas@web.de

DIESES BUCH KANN AUCH PER EMAIL BESTELLT WERDEN.

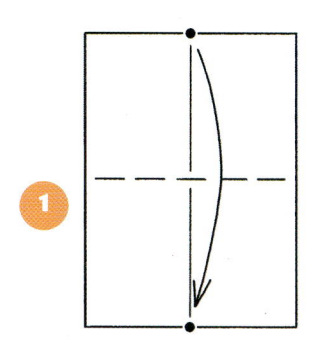

VORWORT

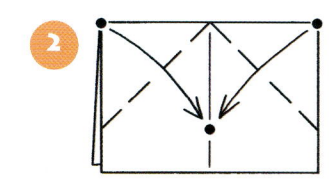

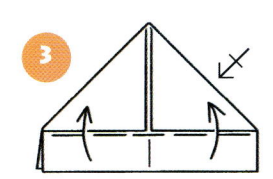

Die Menschen bedecken ihren Kopf, um sich vor Wind und Wetter oder vor Feinden zu schützen, um den sozialen Stand, das Alter, den Beruf oder das Geschlecht kenntlich zu machen oder einfach nur, um Freude oder Trauer zu zeigen. Bei so vielen Funktionen und Bedeutungen ist es kein Zufall, dass der Mensch von allen Lebewesen das einzige ist, dass sich einen Hut aufsetzt.

Falthüte sind seit Alters her dokumentiert. Viollet-le-Duc erwähnt, dass die Mitra in Frankreich bereits vor dem 10. Jahrhundert gefaltet wurde.

Nachforschungen Vicente Palacios' haben ergeben, dass sich in der spanischen Literatur seit Ende des 16. Jahrhunderts verschiedene Zitate über die Existenz oder den Gebrauch von Papierhüten als Gesellschaftsspiel befinden.

Eric Kenneway merkt an, dass in Frankreich des 18. Jahrhunderts das Wort *Chapeaugraphie* in Mode kam, um die Hüte zu bezeichnen, die die Aristokraten zu ihrem Vergnügen falteten.

Auch Robert Harbin erklärt, dass die sogenannte *Troublewit*-Technik zum ersten Mal in einer Londoner Ausgabe um 1710 beschrieben wurde. Mit dieser Technik verwandeln sich geometrische und flexible Papierformen wie ein magischer Fächer in verschiedene Figuren.

So kann sich z. B. ein Papierbonbon mit einem Mal in einen Hut verwandeln. Diese Art der Unterhaltung verbreitete sich Anfang des 18. Jahrhunderts in ganz Europa und erreichte größte Beliebtheit in viktorianischer Zeit durch Zauberer wie David Devant. In den USA verwendet Jay Marshall bei seinen Auftritten unter anderem auch Papierhüte.

In Japan, dem Land, in dem jeder Alltagsgegenstand immer schon gefaltet wurde, darf selbstverständlich der klassische Samuraihelm, der sogenannte *Kabuto*, nicht fehlen. Akira Yoshizawa hat sich insbesondere dem Erfinden neuer Hüte gewidmet. Überhaupt hat nahezu jeder Autor mindestens einen Hut erfunden.

Schließlich ist der Hut von allen Origamifiguren die schlichteste und zugänglichste; so zugänglich, wie es dieses Buch auch sein möchte. Mein einziges Bestreben mit diesem Buch ist die Unterhaltung, und ich wünsche mir, dass es auch nur als solches beurteilt wird.

Wenn ihr nur halb so viel Spaß beim Falten der Hüte habt wie ich, als ich dieses Buch gemacht habe, dann schätze ich mich wirklich glücklich.

Der Autor

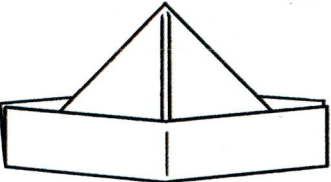

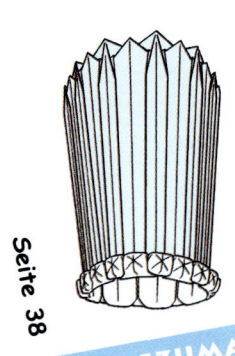

Seite 12	FUCHSWELPE
Seite 14	RHINOHORN
Seite 16	KATZE
Seite 18	WIKINGER
Seite 20	SAFARI
Seite 22	ONKEL
Seite 24	SYDNEY
Seite 28	SOMMERHUT
Seite 30	NOFRETETE
Seite 32	TURBAN
Seite 34	KRANZ
Seite 38	MOCTEZUMA
Seite 42	MEGASPITZ
Seite 44	KNOTENKRONE
Seite 46	TEUFELCHEN
Seite 50	SPIEGLEIN...

- Seite 54 — NARRENKRONE
- Seite 56 — GLADIATOR
- Seite 58 — MOSCHUSOCHSE
- Seite 62 — KASPERLE
- Seite 66 — MON CHERI
- Seite 68 — TANTE
- Seite 70 — SPORTLER
- Seite 72 — BASKENMÜTZE
- Seite 76 — PREDIGER
- Seite 78 — MAUS
- Seite 80 — HASENLÖFFEL
- Seite 82 — HÄFTLING
- Seite 84 — PANETONE
- Seite 86 — ZAUBERER
- Seite 88 — EISVERKÄUFER
- Seite 92 — KARUSSELL

20 TIPPS & IDEEN

1 ZEIT, RUHE UND GEDULD

Papierhüte zu falten scheint Spaß zu machen, und das tut es auch. Aber es bedarf auch einiges an Konzentration. Es ist nichts, was entspannt; eher sollte man es entspannt machen. In Eile Papier zu falten führt ganz sicher nicht zu einem befriedigenden Ergebnis. Der Drang, den fertigen Hut zu sehen, sollte nie so groß sein, dass man den Schwierigkeitsgrad der Arbeit unterschätzt. Einige Hüte lassen sich relativ schnell falten (z.B. *Mon Chéri*, S.66), aber für andere braucht man vielleicht einen ganzen Sonntagnachmittag (z.B. *Moctezuma*, S.38). Ganz gleich, ob der Hut leicht oder schwer zu falten ist: langsames Arbeiten hilft, die Konzentration zu halten und man vermeidet, dass einem bei auftretenden Schwierigkeiten die Hutschnur hochgeht.

2 BEQUEMES ARBEITEN

Häufig haben Konzentrationsschwächen Ursachen, die nichts mit dem Falten zu tun haben. Ohne es zu merken, können die ständigen Geräusche, die beim Falten verursacht werden, einem manchmal den letzten Nerv rauben. Ein großes Stück Papier zu falten und dabei einen dicken Wollpulli zu tragen, kann unnötiges Schwitzen verursachen. Dickeres Papier zu falten, ist für Finger und Hände ermüdend. Das kann man vermeiden, indem man die nötigen Pausen einlegt. Ganz gleich, ob die Beleuchtung künstlich ist, oder man mit Sonnenlicht arbeitet; wichtig ist, dass man sich selbst nicht im Licht sitzt oder steht. Die Gefahr besteht z.B. darin, bei farbigem oder bedrucktem Papier die gekennzeichneten Falten nicht zu erkennen, die als Anleitung dienen. Außerdem ist es wichtig, die richtige Unterlage zu nehmen: die sollte ohne Unebenheiten und groß genug sein, um das Papier falten, messen und zuschneiden zu können. Ist die Kante der Unterlage gerade und winklig, kann sie sogar als Anhaltspunkt dienen, um einige schwierige Falten zu machen (z.B. Sommerhut, S.28, Schritt 3). Und um extreme Rückenschmerzen zu vermeiden, sollte man auch auf einem Stuhl sitzen, der der Tischhöhe angepasst ist, obwohl das Messen und das Zuschneiden der Grundfläche eher im Stehen gelingt.

3 HÄNDE, FINGER UND NÄGEL

Das Hauptwerkzeug beim Falten sind die Hände und die Finger. So wie sich die Fußballspieler vor dem Spiel die Waden warmrubbeln, ist es empfehlenswert, vor dem Falten die Finger aufzuwärmen, damit sie so gefühlvoll wie möglich sind. Steife Finger können keine korrekten Falten machen. Außerdem verursachen verschwitzte Hände Spuren beim Falten Flecken und andererseits hinterlässt bedrucktes Papier manchmal Tinte an den Fingern. Es lohnt sich also, sich die Hände sowohl vor als auch nach dem Falten zu waschen. Um Falten genau nachzuziehen, kann man auch seine Fingernägel benutzen, die nicht nur sauber, sondern auch mindestens einen halben Millimeter lang sein sollten. Dabei empfehle ich sowohl fleischgelüstigen Menschen, die keine längeren Nägel haben, weil sie sie abknabbern, als auch sehr empfindlichen Menschen, die ihren aufgetragenen Nagellack nicht beschädigen möchten, sich einen Ersatz zu suchen, wie z.B. ein Feuerzeug mit abgerundeten Kanten für erstere und eine Kreditkarte für letztere.

4 BENÖTIGTES MATERIAL

Abgesehen von den Händen und den Nägeln braucht man noch anderes Werkzeug: eine lange Papierschere, ein langes Lineal (1 m.), ein kurzes Lineal (ca. 30 cm), ein flexibles Metermaß, zwei rechtwinklige Dreiecke, Klebefilm, einen Teppichschneider, einen Bleistift, ein Radiergummi, Büroklammern, einen Taschenrechner und - logo: gute Musik im Hintergrund.

5 SCHWIERIGKEITSGRAD

Alle in diesem Buch enthaltenen Hüte sind vier verschiedenen Schwierigkeitsstufen zugeordnet, die man an den angegebenen Farben des klassischen Papierhuts erkennen kann. Es empfiehlt sich, das eigene Können realistisch einzuschätzen. Wer nie zuvor Origami gemacht hat und mit dem Schwierigkeitsgrad „Experte" anfängt, wird wahrscheinlich schnell die Lust verlieren.

Einsteiger Amateur Fortgeschrittener Experte

6 KOPFUMFANG

Wenn man entschieden hat, welchen Hut man falten will, sollte als erstes der Kopfumfang mit einem flexiblen Metermaß gemessen werden. Um Ungenauigkeiten zu vermeiden, sollte man sich von jemandem helfen lassen, und um ganz sicher zu gehen, sollte der Kopfumfang mehrmals nachgemessen werden.

7 BERECHNEN DER PAPIERFLÄCHE

Anschließend sollte die Papierfläche gemessen werden, und zwar nach der Formel, die am Anfang der jeweiligen Faltanleitung steht. Beträgt mein Kopfumfang z.B. 55 cm und ich will den ersten in diesem Buch aufgeführten Hut, nämlich *Fuchswelpe* falten, dann müsste ich die Formeln folgendermaßen anwenden:

Beide Formeln braucht man, um die benötigte Breite und die entsprechende Länge zu erhalten. Man kann auch das Ergebnis um einen halben Zentimeter auf- bzw. abrunden. Es lohnt sich immer, die berechneten Maße mit den angewendeten Formeln nochmal nachzurechnen. Wenn man später den gefalteten Papierhut wegen eines Rechenfehlers der Puppe aufsetzen muß, wo man ihn doch für sich selbst gefaltet hat, dann wird der Jammer groß sein, vor allem, wenn das Papier teuer war.

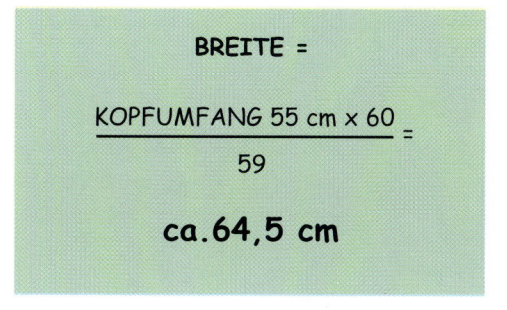

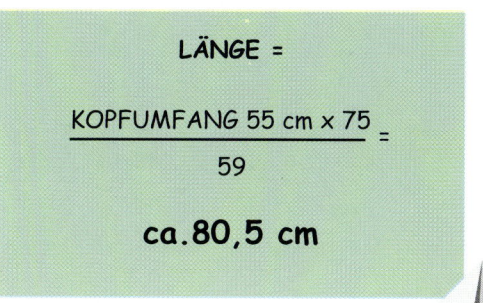

$$\text{BREITE} = \frac{\text{KOPFUMFANG } 55 \text{ cm} \times 60}{59} = \text{ca. } 64{,}5 \text{ cm}$$

$$\text{LÄNGE} = \frac{\text{KOPFUMFANG } 55 \text{ cm} \times 75}{59} = \text{ca. } 80{,}5 \text{ cm}$$

8 PAPIERMASS

Das herkömmliche Maß für Geschenkpapier, das man in Kaufhäusern, im Papier- oder im Schreibwarenladen erwerben kann, ist 70 cm breit. Es gibt aber noch breiteres Papier. Normalerweise stehen die Maße auf dem Etikett (Breite und Länge). Nicht selten passiert es auch, daß das Papier einen Zentimeter kleiner ist als auf dem Etikett. Wie dem auch sei, ist es natürlich wichtig, dass das Papier die Maße hat, die man zum Zuschneiden des entsprechenden Papierhuts braucht.

9 PAPIERVERPACKUNG

Meist ist das Papier, das man kaufen kann, in Folie verpackt. Manchmal hat es aber auch Zwischenblätter oder es ist in der Mitte gefaltet. Gerade im ersten Fall ist es wichtig, dem Papier die gerollte Ausrichtung zu nehmen, indem es in die andere Richtung gerollt wird oder, noch besser: man kann das Papier bügeln und zum Schutz ein Tuch darüber legen. Und genau wie mit gebügelten Hemden ist es das Beste, das Papier erstmal im ausgebreiteten Zustand wieder abkühlen zu lassen, damit es nicht wieder die eingerollte Form erhält.

10 DIE PAPIERQUALITÄT

Für jeden Hut wird Papier mit unterschiedlicher Härte und Widerstandsfähigkeit benötigt. Je härter das Papier ist, desto schwieriger wird es zu falten sein. Wie stark das Papier ist, kann am Gewicht festgestellt werden, weil Papier nämlich immer am Gewicht pro Quadratmeter gemessen wird. Normalerweise ist Papier zwischen 90 und 120 Gramm empfehlenswert. Packpapier hat nicht nur eine schöne Struktur, es ist auch besonders widerstandsfähig, ganz zu schweigen von Elefantenhaut, wie der Name schon sagt... Papier mit Folie oder metallisch glänzendes Papier ist nicht reißfest und eigentlich nur in Kombination mit stärkerem Papier empfehlenswert. Synthetisches Papier ist gar nicht zu falten und Glanzpapier verliert, obwohl es sich gut falten lässt, um die Falten herum die Farbe.

11 PAPIERFARBE

In den Geschäften gibt es eine große Auswahl an farbigem Geschenkpapier, das entweder nur auf einer oder auf beiden Seiten bedruckt ist. Soll ein Hut gefaltet werden, bei dem zwei verschiedene Papierbögen miteinander kombiniert werden sollen, dann kann man zum Zusammenkleben Sprühkleber verwenden. Luftblasen oder Falten können vermieden werden, wenn zu zweit gearbeitet wird. Aber man sollte auch bedenken, dass dann das Papier an Flexibilität verliert, obwohl sich dies bei einfacheren Hüten nicht unbedingt bemerkbar machen muß. In jedem Fall sollte man sich bei der Wahl der Farben den fertigen Hut vor Augen führen. Die Falten kommen übrigens immer besser bei einfach bedrucktem Papier zum Vorschein (z.B. *Sydney*, S. 24), aber bei Hüten mit wenig Falten sieht bunt bedrucktes Papier (z.B. *Megaspitz*, S. 42) viel lustiger aus. Aber beide Papiertypen miteinander kombiniert sehen auch sehr schön aus.

12 PAPIERPREISE

Die Preisunterschiede bei Papier sind sehr groß; die Wahl hängt dann von den finanziellen Möglichkeiten eines jeden einzelnen ab. Wer nicht viel investieren will, kann Zeitungspapier benutzen. Genau genommen haben Papierhüte aus Zeitungspapier schon auch ihren besonderen Reiz. Manche Papierbögen sind Designerware. Deshalb sollten, je nach dem, welchen

Verwendungszweck der fertige Hut haben soll, die Urheberrechte beachtet und bezahlt werden. Die Namen stehen übrigens neben dem Zeichen für Copyright am Rand der Papierbögen. Für den Hausgebrauch der Hüte ist dies eigentlich unerheblich, aber vorsichtshalber sollte dieser besondere Umstand nicht unerwähnt bleiben, damit es am Ende keine bösen Überraschungen gibt.

13 ORIGAMI-KIRIGAMI

Viele Autoren finden, dass das Zuschneiden von Papier, abgesehen von der Anfertigung der Grundfläche, eigentlich nicht zum Origami, sondern zum Kirigami gehört, einer anderen japanischen Kunst, bei der Papier auch geschnitten wird. Aber andere Autoren halten sich nicht an diese Norm und versehen einige Origamifiguren mit einfachen Schnitten. Kein Hut in diesem Buch benötigt eine Schere außer einem, bei dem ich der Versuchung, das Tabu zu brechen, nicht widerstehen konnte und einen 5 mm großen Schnitt eingefügt habe (s. *Baskenmütze*, Schritt 15). Sollte dieser Gelehrtenstreit jemals zugunsten der einen oder der anderen Seite entschieden werden, hoffe ich natürlich, dass mir hiermit beide Seiten versöhnlich gestimmt sind.

14 VERSCHIEDENE ARTEN, GRUNDFLÄCHEN ZUZUSCHNEIDEN

In den Innenseiten des Buchdeckels habe ich erklärt, wie man eine große Papierfläche nach den errechneten Maßen zuschneiden kann. Auch wenn ungefähr 80% der Origamifiguren ein Quadrat als Ausgangsfläche haben, kommen in diesem Buch auch Hüte vor, die ein Rechteck, ein rechtwinkliges Dreieck oder auch im Origami so ungewöhnliche Figuren wie das Achteck, den Rhombus oder den Kreis zur Grundlage haben.

15 INTERNATIONALE SYMBOLE

Für diejenigen, die noch nie eine Figur nach angegebenen Zeichnungen angefertigt haben, soll hier erwähnt werden, dass es eine Reihe von internationalen Symbolen gibt, die es allen ermöglicht, die Anleitungen eines Origamibuches zu verstehen. Auch in diesem Buch finden sich diese Symbole wieder. Aber ich habe noch zusätzliche erfunden, um besondere Falten oder Perspektiven anschaulicher zu machen. Wenn beide Buchinnenklappen geöffnet sind, können die Symbole jederzeit beim Falten zu Hilfe genommen werden, ohne jede einzelne Bedeutung im Kopf haben zu müssen.

16 INTERPRETATION DER ZEICHEN

Natürlich können bei den Origamisymbolen nicht alle Anleitungsschritte grafisch dargestellt werden. Ein Komponist kann nicht alles aufschreiben, was in einer Klaviersonate gespielt werden muss; vielmehr hofft er, dass beim Spielen selber die eigene Interpretation mit eingebracht wird. Vielleicht macht gerade das die Musik so interessant. Wenn alles, was gespielt werden soll, in den Noten stehen würde, würden alle Musiker gleich spielen und wir würden uns zu Tode langweilen. Jeder, also auch wir selbst und alle anderen Origamisten, entwickelt beim Falten seinen eigenen Stil, so wie jeder seine Handschrift und seine einzigartige Nase hat.

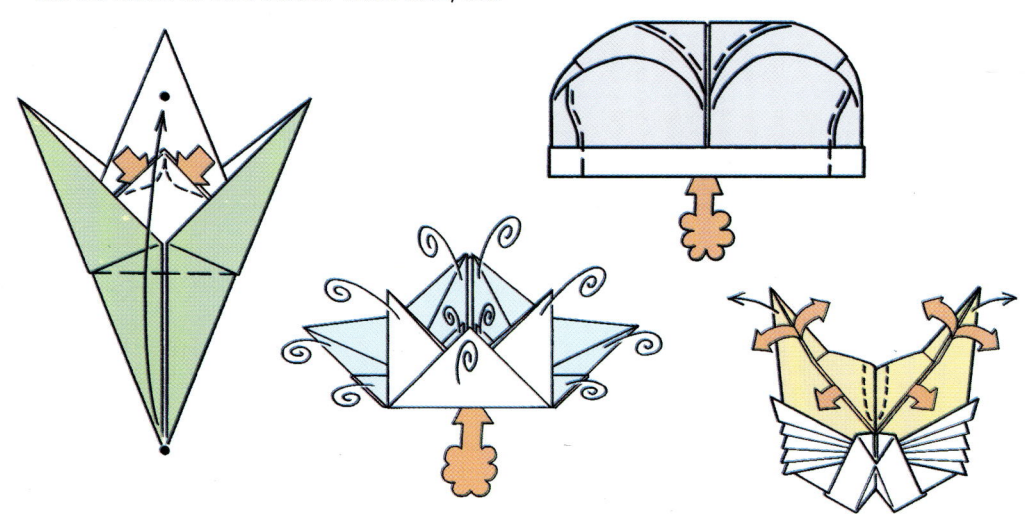

17 TEST

Es ist empfehlenswert, vor dem Falten ein proportional kleineres Stück zu falten, z.B. ein Din-A3-Blatt. Der Vorteil dabei ist, dass man beim zweiten Mal sicherer ist, weil die Schritte bekannt sind. Dabei entdeckt man einige Dinge, die, wie bereits erwähnt, in den Anleitungen nicht enthalten sind. Vielmehr entdeckt man die eigene Intuition: man erreicht z.B. eine größere Flexibilität beim Papier, wenn man bestimmte Talfalten vorher als Bergfalten knickt oder umgekehrt.

18 JETZT GEHT'S RICHTIG LOS!

Nach dem Falten im kleinen Maßstab kann man anschließend im großen Maßstab falten, wobei man gleich merkt, dass auch sonst die Unterschiede groß sind: man muss langsamer vorgehen und es ist schwieriger, den Überblick zu behalten. Auch ist das Falten schwieriger geworden. Die Vergrößerung macht Fehler sichtbar und die Hände sind plötzlich kleiner geworden. Jetzt muss mit Genauigkeit gearbeitet werden. Mit den Fingerspitzen werden zunächst die Falten gemacht, die dann mit den Fingernägeln nachgezogen werden. Die Falten sollten immer an den Spitzen der Winkel begonnen werden, dann an den breiten Seiten und schließlich in der Mitte nachgezogen werden (s. Abbildung S.11). Ist die Falte schon am Anfang schlecht gezogen, wird die Ungenauigkeit mit jedem Schritt größer. Wenn das passiert, geht man am besten die gleichen Schritte in umgekehrter Reihenfolge rückwärts und fängt, wenn es sein muss von vorne an. Dabei sollte man nicht verzweifeln, nur weil die anderen um einen herum meinen, sie könnten es besser. Ist eine Falte zu kompliziert, sollte man die Falte mit Bleistift vorzeichnen. Bald wird man merken, dass man große Papierflächen nie mit einer 100%igen Genauigkeit falten kann und das man berechnend ungenau sein muß, damit, trotz der Papierstärke, die Falte geometrisch perfekt zu sein scheint. Eigentlich könnte man die ganze Nacht über dieses Thema sprechen, aber ich will nur noch einen Tip loswerden: wenn man mitten im Falten eines Papierhuts merkt, dass die Intuition einen mitreißt und es interessanter scheint, eine Falte anders zu machen, als es die Anleitung vorgibt, dann sollte man nicht zweifeln; lieber sollte man dieses Buch vergessen und seinen eigenen Hut erfinden. Das ist sowieso das Beste.

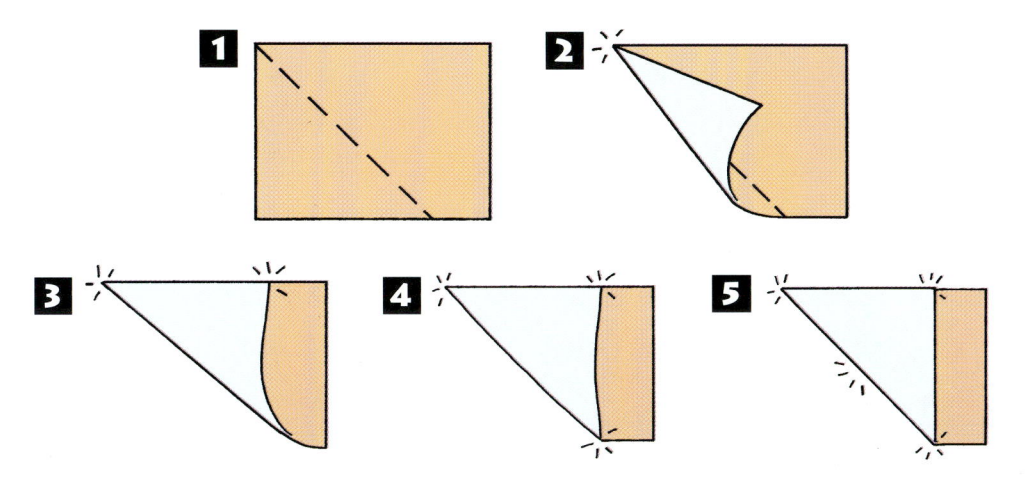

19 UND JETZT AUFSETZEN

Natürlich faltet man Hüte nicht nur, um sie anzuschauen, sondern auch, um sie sich aufzusetzen. Deshalb müssen sie genau passen und sie sollten nicht, auch wenn sie aus Papier sind, beim kleinsten Windstoß wegfliegen. Selbst wenn man alle Berechnungen und alle Schritte richtig gemacht hat, gibt es Umstände, die die Stabilität beeinflussen. Die Haare können verhindern, dass der Hut, auch wenn er perfekt gefaltet wurde, auf dem Kopf nicht hält. Manche Pferdeschwänze und Zöpfe sollten vorher gelöst werden. Zwei Zöpfe hingegen sind nicht nur toleranter - sie sind auch ein wunderbar dekorativer Zusatz. Gelockte Haare brauchen maßgefertigte Hüte, damit sie unter dem Druck der Haare halten. Aber es gibt auch Hüte, die nicht unter Druck aufgesetzt werden, die sich aber, so weit es geht, an die Form des Kopfes anpassen, indem sie ein Luftpolster bilden, das vermeidet, dass einem der Hut hochgeht (z.B. *Häftling* S.82-83). Außerdem gibt es auch Hüte in diesem Buch, die in manchen Schritten eine gewisse Anpassung benötigen (z.B. *Hasenlöffel*, S.80).

20 SCHLUSS

Zum Abschluss will ich noch anmerken, dass es besser ist, das Papier nicht als einen Feind anzusehen, den man durch Falten bezwingen will. Mit einem Papier muss man ins Gespräch kommen, damit es versteht, warum man es so und nicht anders falten will, gerade so, als würde es sich um ein kleines Kind handeln, dem man etwas zeigen möchte. Man sollte versuchen, dem Papier das Falten so attraktiv wie möglich zu machen und es von einer konstruktiven Zusammenarbeit zu überzeugen. Ob mit oder ohne Gewalt: man kann das Papier sowieso immer knicken, wie man es selbst will. Aber ganz ehrlich: das Papier wird sich für Feingefühl mit einem wirklich guten Ergebnis bedanken.

FUCHSWELPE

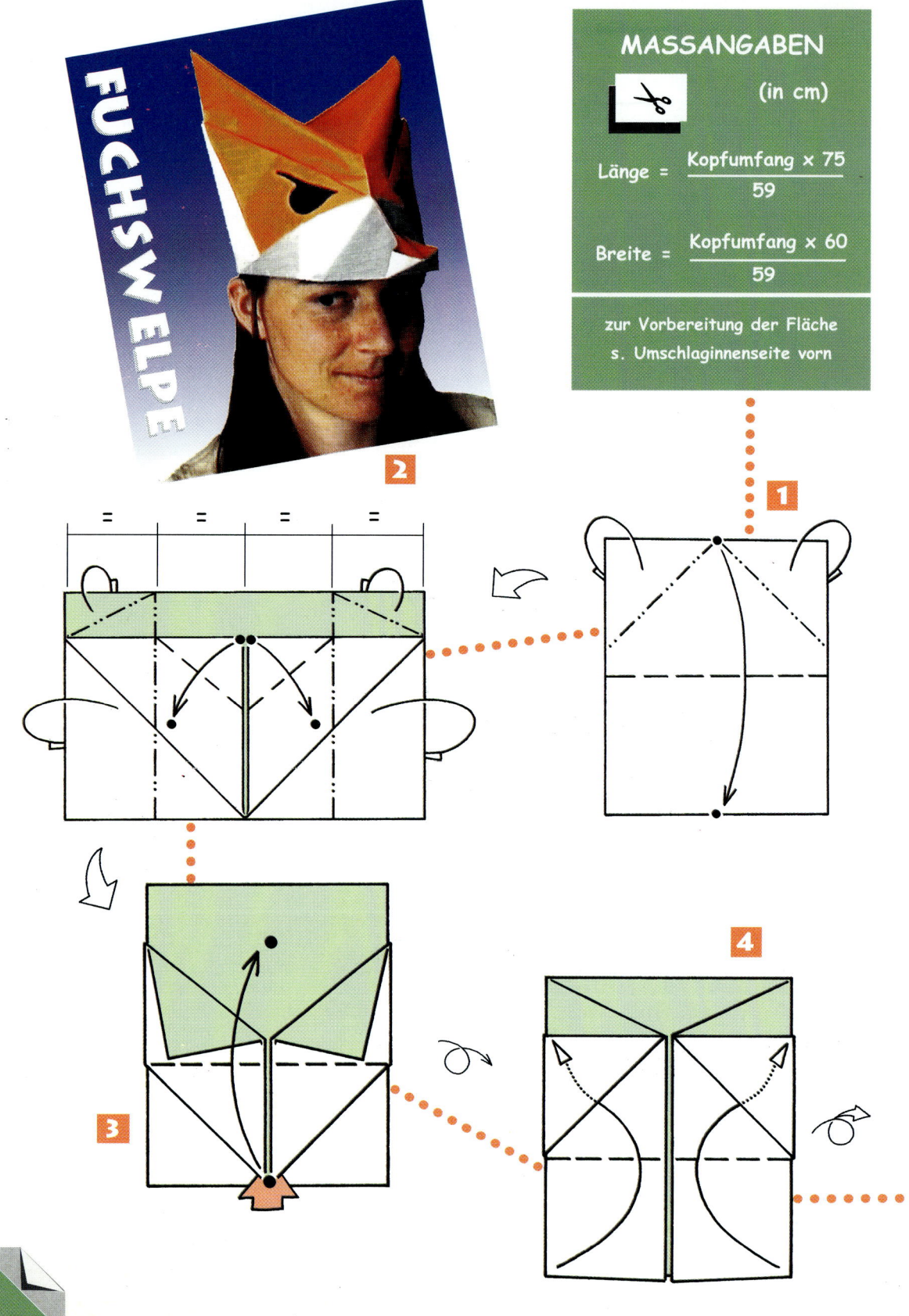

MASSANGABEN
(in cm)

$$\text{Länge} = \frac{\text{Kopfumfang} \times 75}{59}$$

$$\text{Breite} = \frac{\text{Kopfumfang} \times 60}{59}$$

zur Vorbereitung der Fläche
s. Umschlaginnenseite vorn

Schneidet und faltet man die Papiergrundfläche 10 % größer als angegeben zu, dann wird der Kopf tiefer im Hut versinken und der Hut wird eher ein Maskenhut sein. Wenn man dann auf Augenhöhe ein paar Löcher hineinschneidet, kann man den ganzen Stall im Auge behalten, ohne von den Hühnern erkannt zu werden.

■ Die Falten werden an der Schnauze stabiler, wenn das Papier dicker ist.

■ Bei Schritt 5 werden die Falten an den Ohren nachgezogen, aber die an der Stirn werden lediglich geknickt.

■ Wenn man will, kann man auch Augen aufkleben oder aufmalen. Sollen die Augen hell sein, dann sollte der Hintergrund, also das Papier, dunkel sein, und umgekehrt.

■ Der Hut sitzt gut, es gibt jedoch eine Stelle, die besonders elastisch ist, die man aber nicht überstrapazieren sollte. Besser ist es, die Hutöffnung ein bisschen mit den Fingern abzurunden.

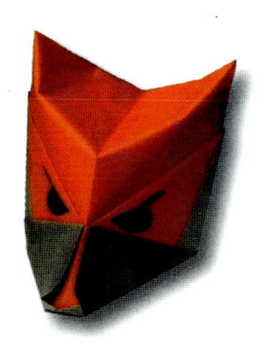

■ Die Schnauze ist gleichzeitig der Schirm an der Mütze. Wenn man sich vorn überbeugt, wirkt man als Fuchs noch echter.

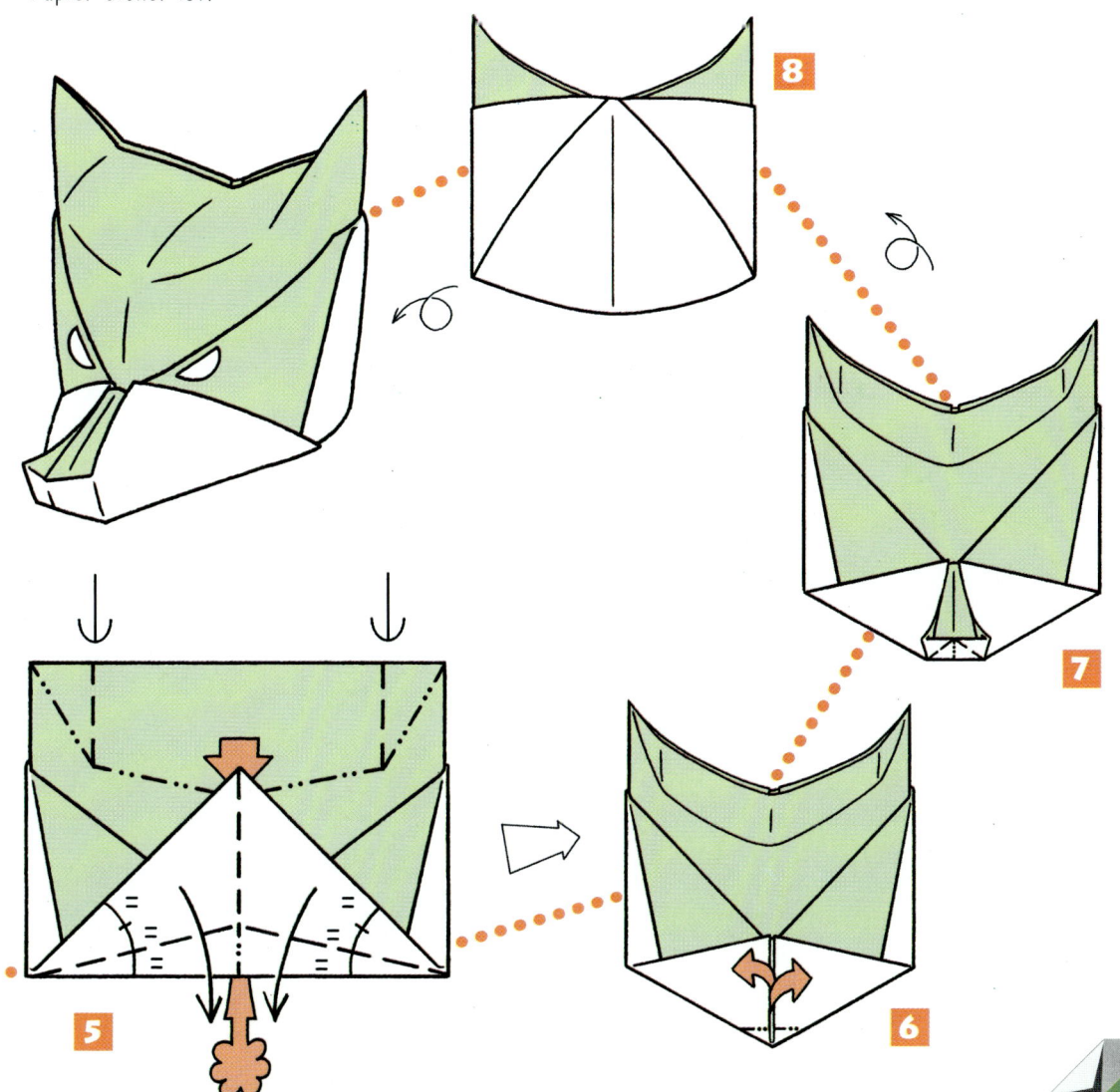

RHINOHORN

MASSANGABEN (in cm)

Länge = $\dfrac{\text{Kopfumfang} \times 90}{59}$

Breite = $\dfrac{\text{Kopfumfang} \times 45}{59}$

zur Vorbereitung der Fläche s. Umschlaginnenseite vorn

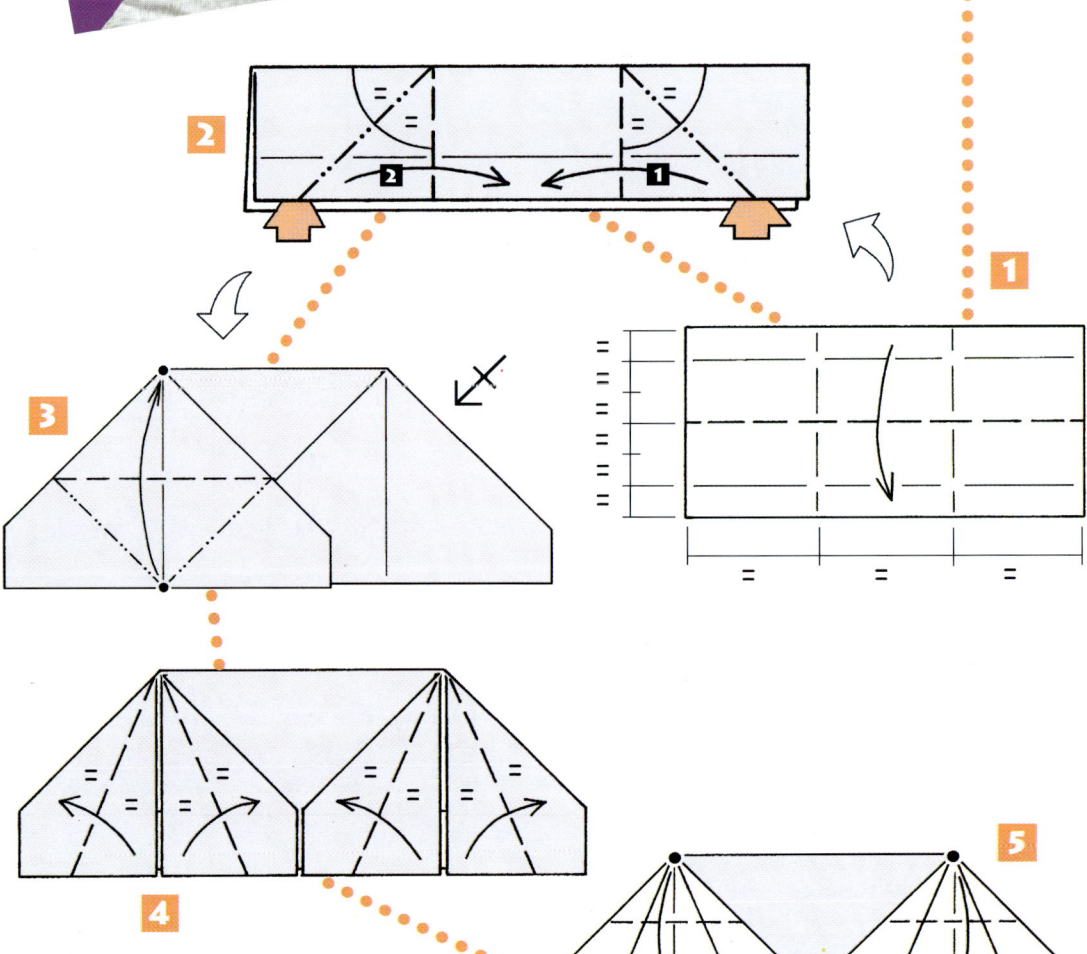

In alten Origamibüchern wurde diese Art der Kopfbedeckung als „Soldatenmütze" bezeichnet, aber die Zeiten haben sich geändert und heutzutage ist dieses Modell ideal, um in einer Herde von Nashörnern unerkannt zu bleiben.

■ Auch wenn man die Maße der Grundfläche genau abmisst und die Falten korrekt macht, wird der Hut nicht richtig passen, wenn man dabei zu dickes Papier benutzt.

■ Wenn man den Hut am Ende nochmals in Form bringt, dann sieht es besonders schön aus, wenn der obere Teil wie ein kegelförmiges und spitzes Rohr abgerundet wird.

■ Die Mütze sitzt gut auf dem Kopf; sie wird noch besser halten, wenn man vorher die Ränder mit den Fingern weicher macht.

■ Der Hut ist sehr stabil und wenn man ihn in die Schule oder ins Büro mitnehmen möchte, ohne dass er kaputt geht, braucht man ihn nur noch abzuflachen, indem man Schritt 8 rückwärts geht.

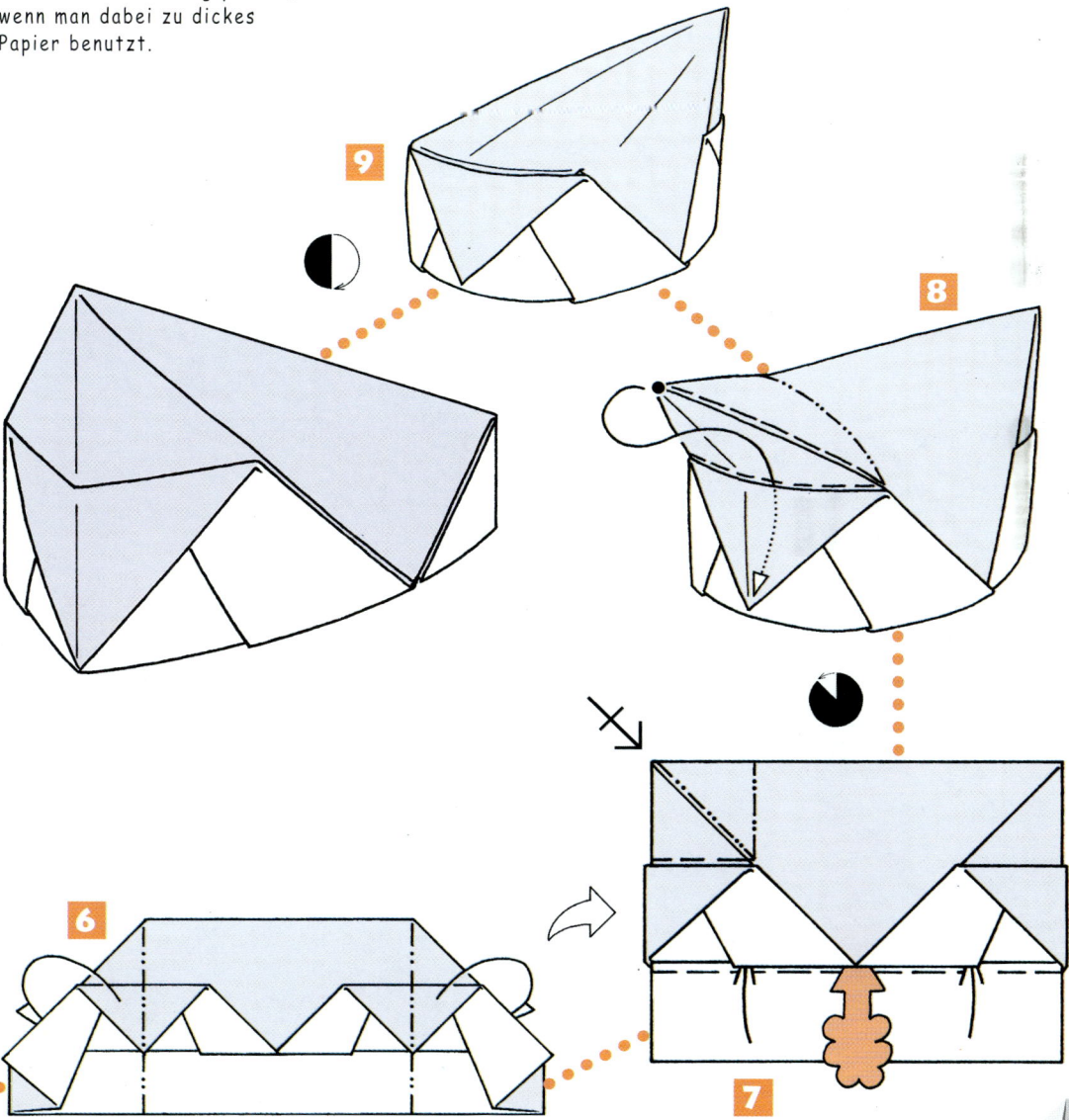

KATZE

MASSANGABEN
(in cm)

Länge und Breite

$$\frac{\text{Kopfumfang} \times 60}{59}$$

zur Vorbereitung der Fläche
s. Umschlaginnenseite vorn

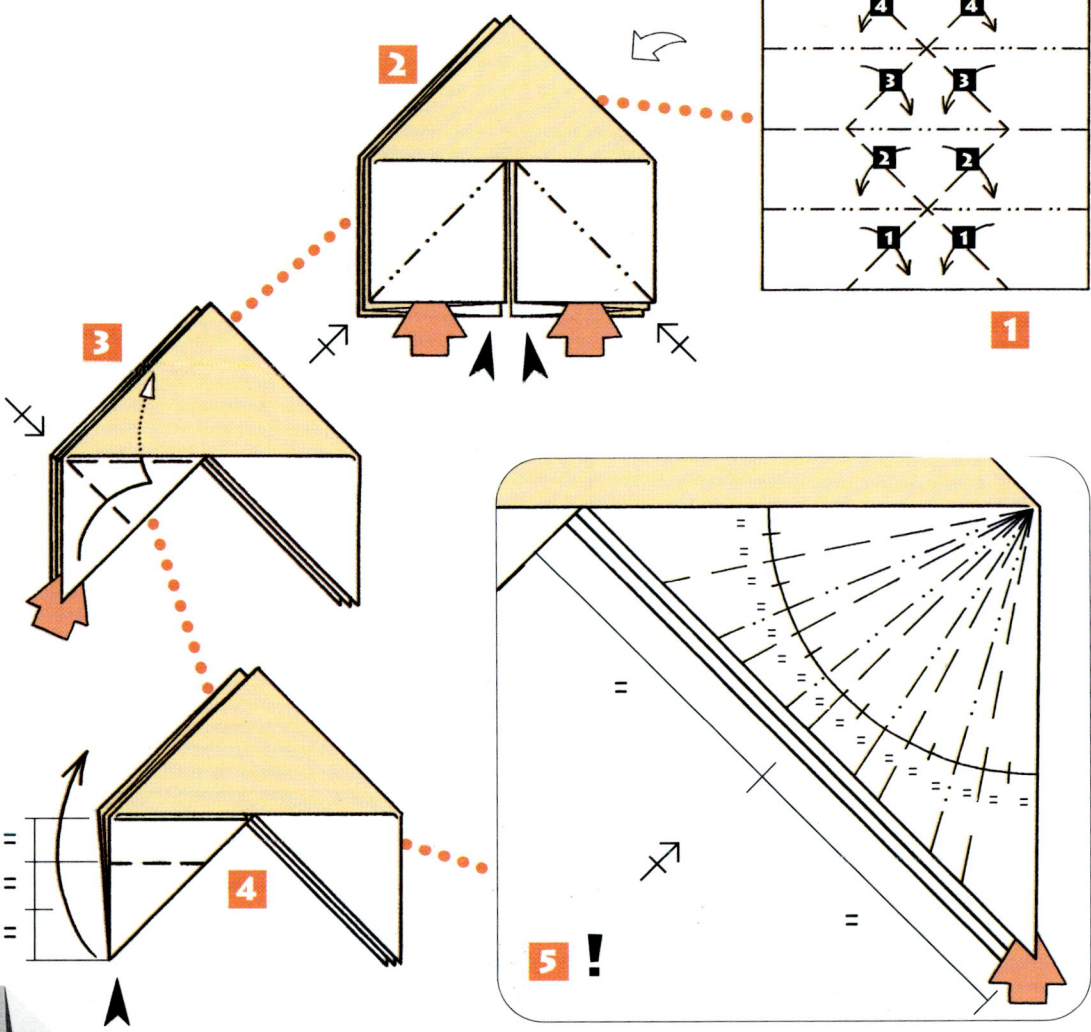

Die Schere zu Hilfe nehmen oder nicht?....; das ist hier die Frage. Einen Katzenbart mit der Schere zuzuschneiden ist ganz einfach. Die Schere nicht zu benutzen, ist zwar eine Einschränkung, aber auch eine große Herausforderung. In Verbindung mit dem Modell *Maus* (S.78), kann man einen ganzen Nachmittag lang Katz und Maus spielen.

■ Will man, dass die Falten am Bart zum Vorschein kommen, dann sollte die Vorderseite im ersten Schritt nicht bedruckt sein.

■ Damit die Augen, die Stirn und die Ohren die Form aus Schritt 9 behalten, sollte das Papier dick sein, aber gleichzeitig biegsam genug, um die Falten in Schritt 5 nachziehen zu können.

■ Schritt 5 scheint sehr kompliziert zu sein, ist er aber gar nicht: teilt man den Winkel in zwei Hälften, dann in vier, dann in acht und in sechzehn (also immer genau in der Mitte gefaltet), erhält man genau die auf dem Bild vorgegebenen Winkelteile.

■ Man kann auch zwei zerknüllte Papierkugeln in die Augenhöhlen stecken, die dann wie Pupillen aussehen.

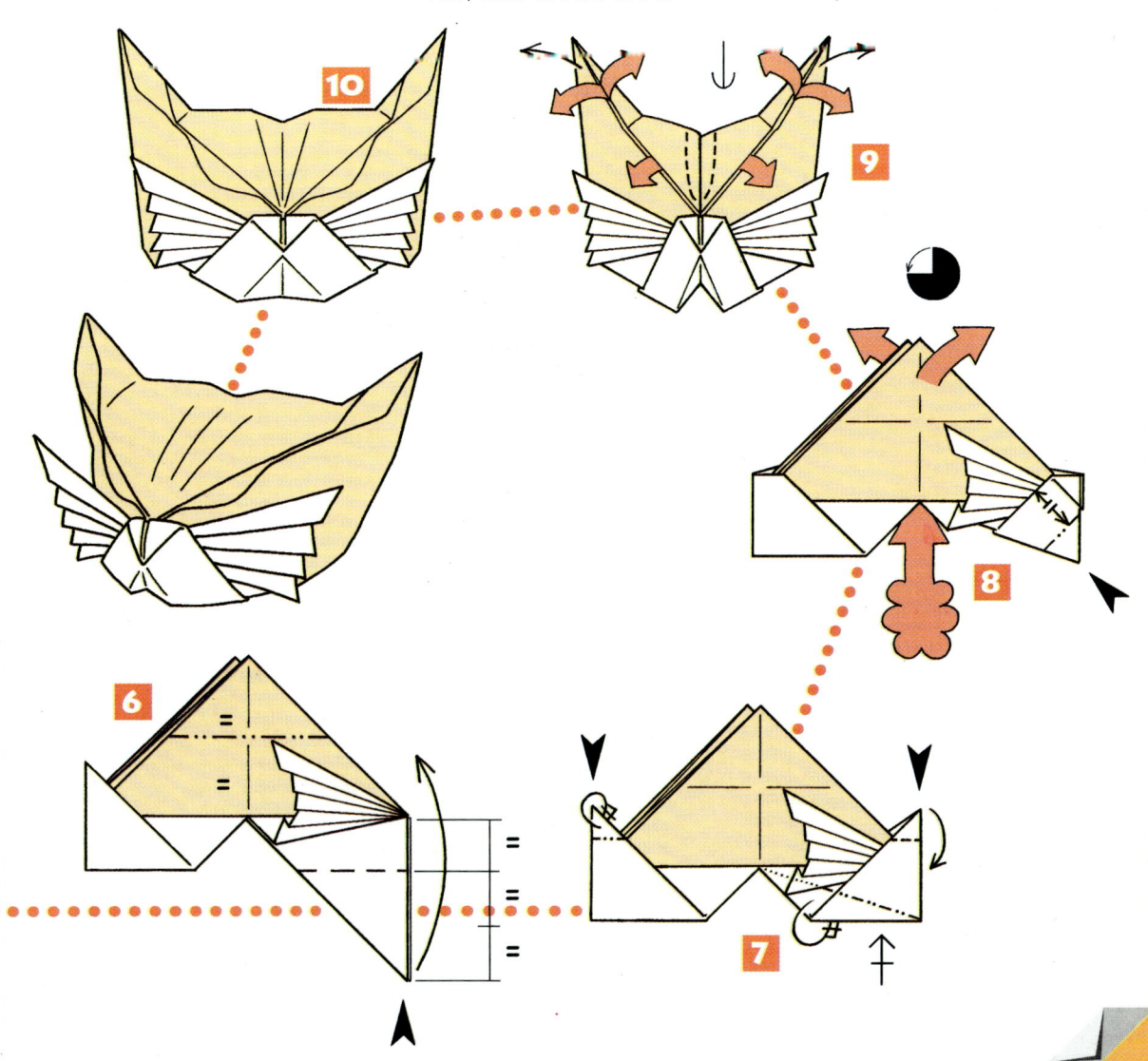

WIKINGER

MASSANGABEN
(in cm)

$$\text{Länge} = \frac{\text{Kopfumfang} \times 97}{59}$$

$$\text{Breite} = \frac{\text{Kopfumfang} \times 70}{59}$$

zur Vorbereitung der Fläche
s. Umschlaginnenseite hinten

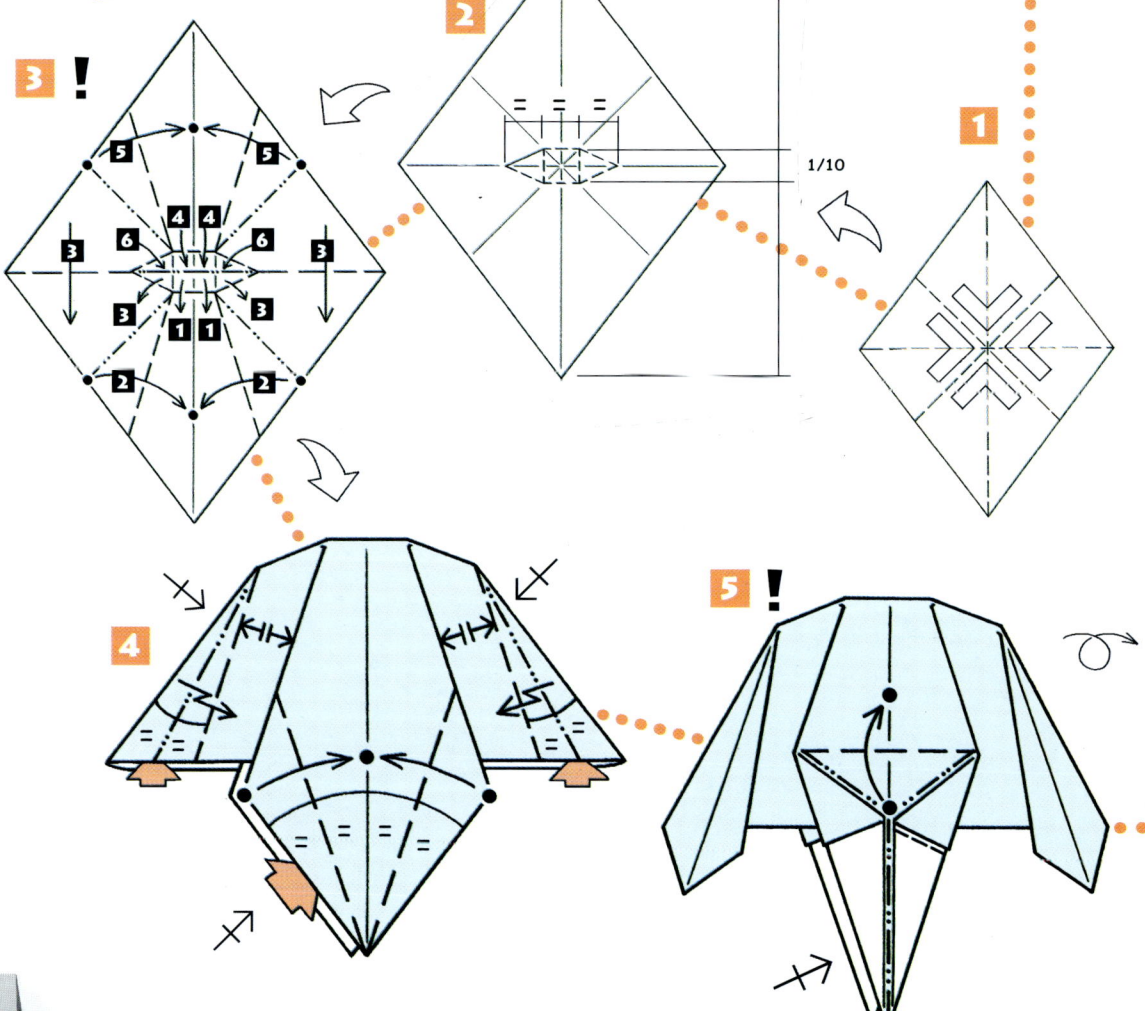

Der Wikingerhelm ist so plastisch, dass viele Origamisten ihn immer wieder dargestellt haben. Oft sind sie nur als Modelle in Miniaturform zum Betrachten gedacht. Mit dem Hut hier kann man garantiert bis an den Nordpol laufen, ohne dass der Hut vom Kopf fliegt. Und wenn man damit in ein bekanntes schwedisches Einrichtungshaus geht, fühlt man sich wie zuhause.

■ Um die Falten und die Wölbungen am Geweih stabil zu halten, braucht man festes aber nicht zu dickes Papier.

■ Die Hörner waren früher sicher aus Gold oder Elfenbein; aber das heißt nicht, dass man nicht trotzdem z.B. rosafarbenes Papier verwenden kann.

■ Die Schwierigkeiten, die der 3. Schritt aufweist, sind nicht auf die komplizierten Falten zurückzuführen; vielmehr ist es die Größe des Papiers. Deshalb sollte man vorher alles in Miniatur ausprobieren.

■ Der Helm ist sehr praktisch: alle können ihn problemlos aufsetzen; selbst bei störrischem Haar sitzt er gut.

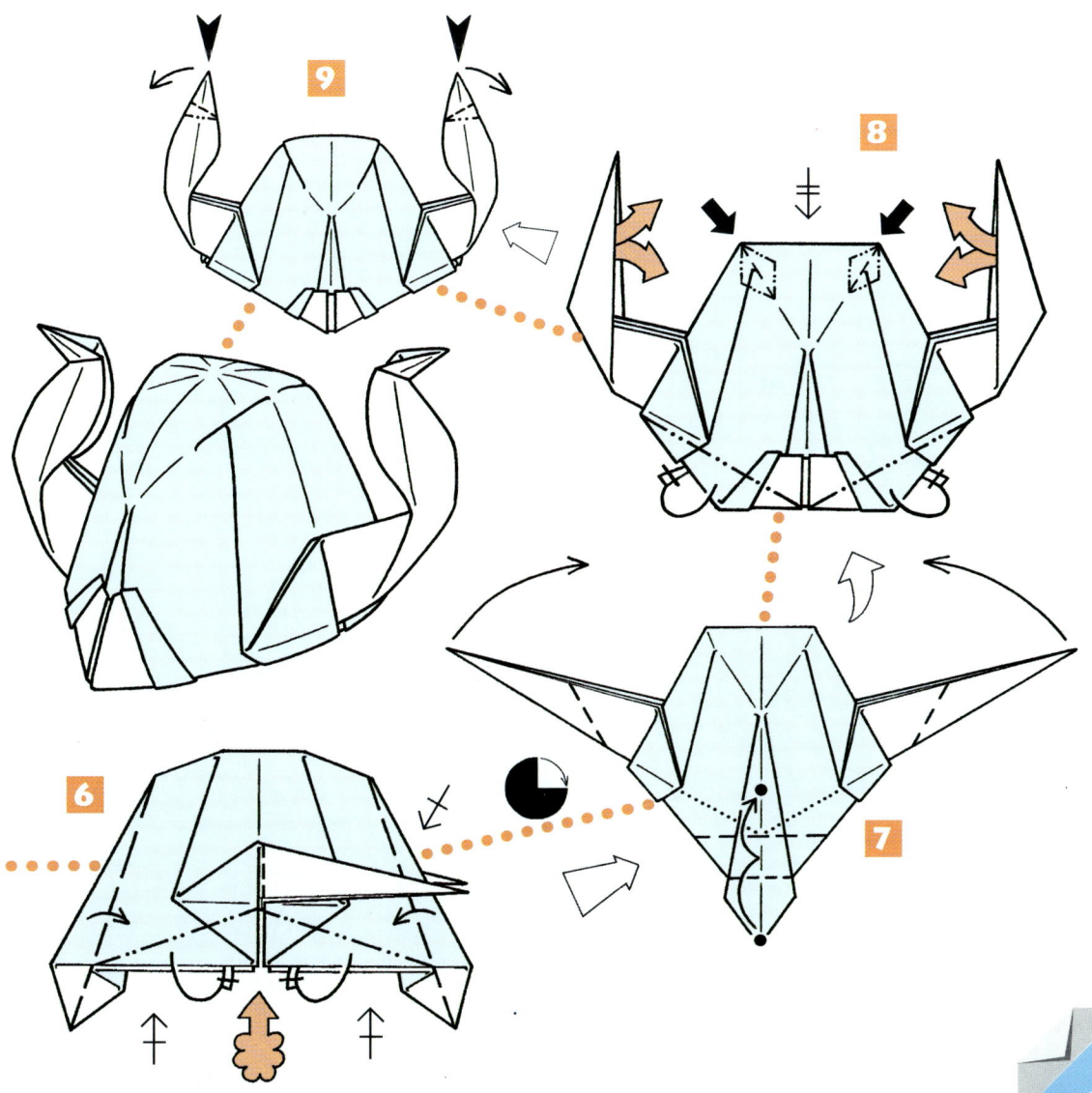

SAFARI

MASSANGABEN

✂ (in cm)

Länge und Breite

$$\frac{\text{Kopfumfang} \times 50}{59}$$

zur Vorbereitung der Fläche
s. Umschlaginnenseite vorn

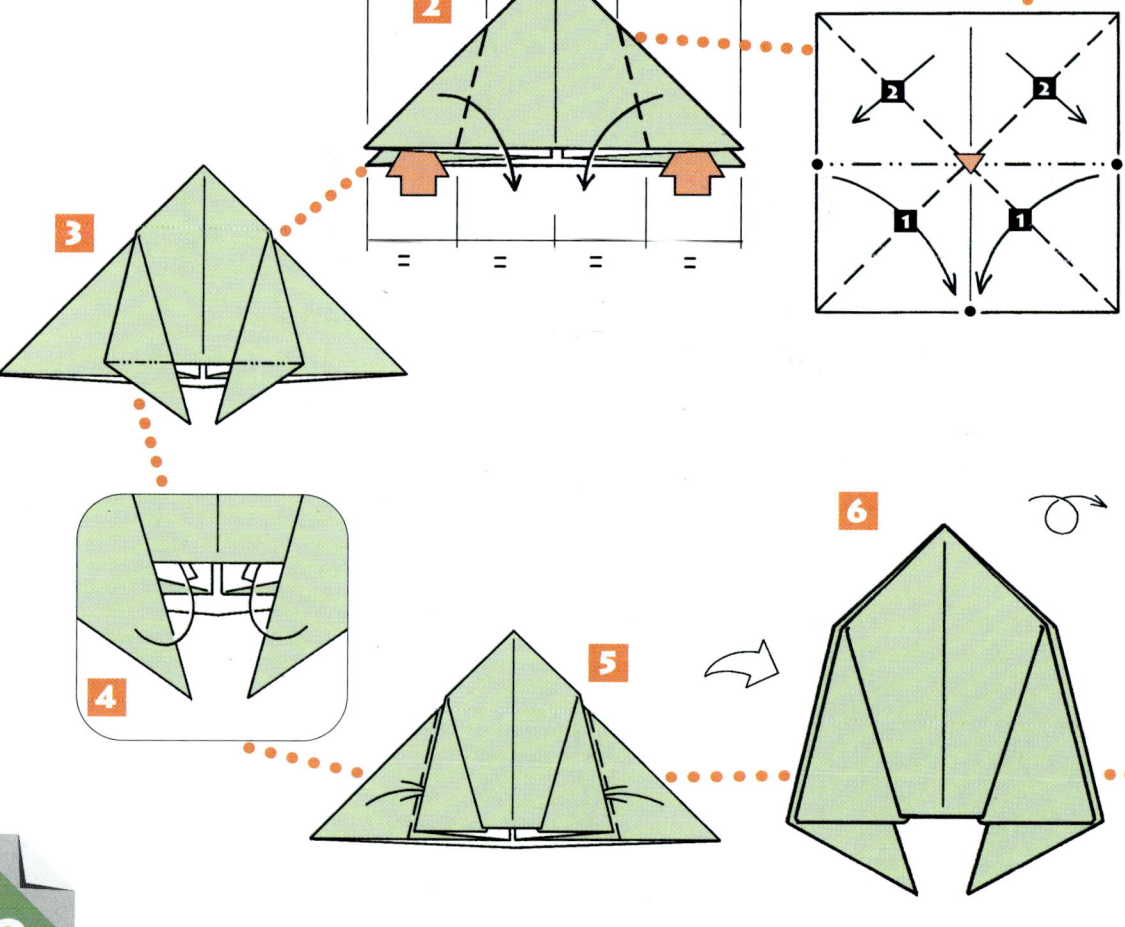

20

Dieser Hut hat eine klassische Form zur Grundlage, die im Origami „Wasserbombe" genannt wird und wahrscheinlich aus China kommt. Die Kinder fingen mit ihm Fliegen und hörten dann das Brummen der Tiere wie mit einem Verstärker durch ein Loch an der Spitze. Wenn man also an einer Safari teilnehmen will, braucht man nicht unbedingt einen der Vereine zur Erhaltung der Elefanten aufzusuchen. In diesem Buch gibt es zwar keine Fliegen, die man fangen kann, dafür aber Füchse, Katzen, Hasen und Mäuse.

■ Weißes Papier spiegelt die Sonne wider, aber ockergelbes oder olivgrünes Packpapier passt auch wunderbar zur Farbpalette einer Savanne.

■ Eigentlich ist keiner der Schritte schwer, aber man sollte bei den Schritten 4, 8 und 10 gut aufpassen.

■ Der Hut ist einfach und elegant, aber man sollte ihn richtig herum aufsetzen (s. letzte Abbildung): erst dann werden die Falten halten und sein ganzer Umfang wird zur Geltung kommen.

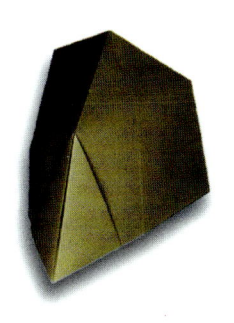

■ Setzt man ihn ab, verliert er gänzlich seine Form und man kann ihn gut zusammenlegen, um ihn irgendwohin mitzunehmen.

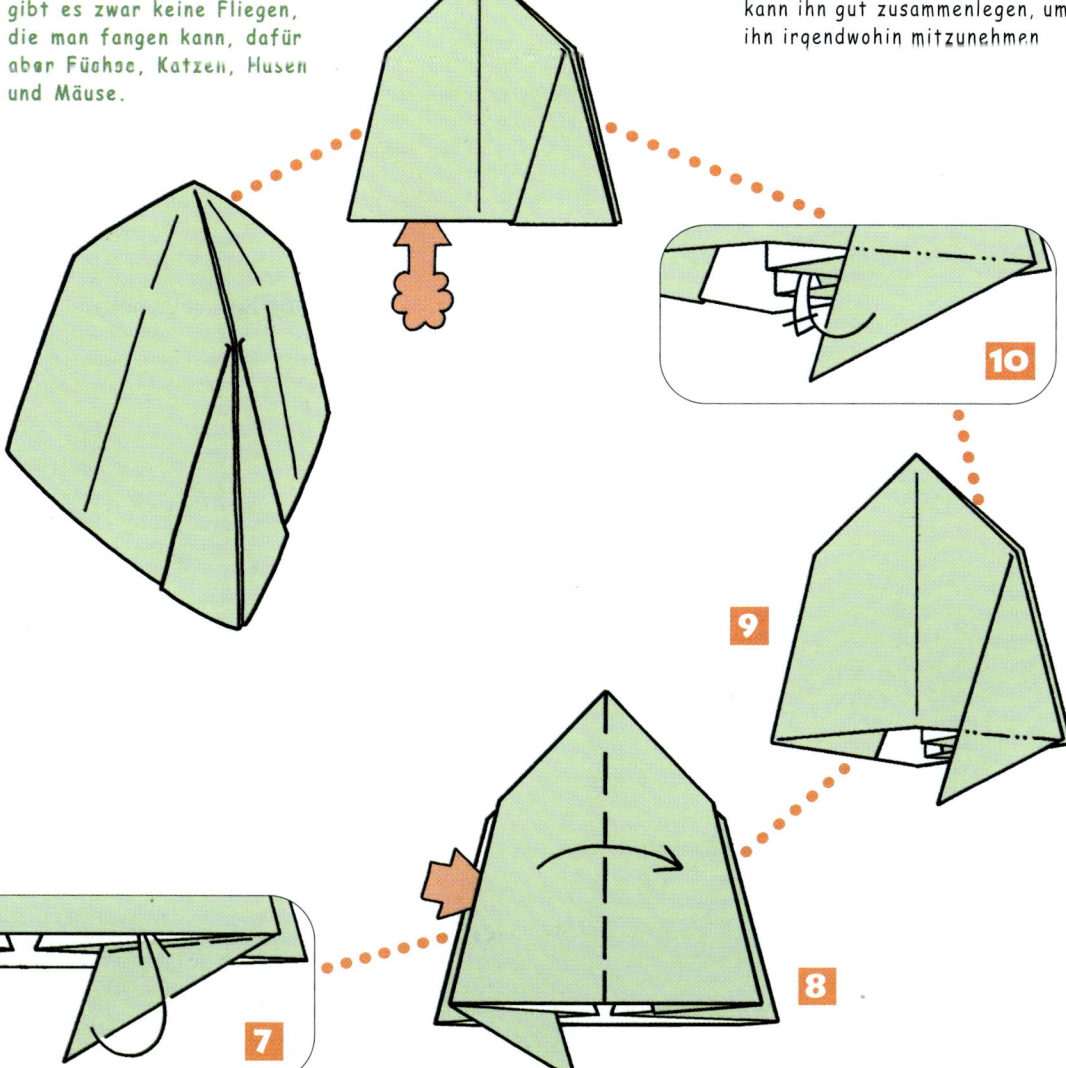

ONKEL

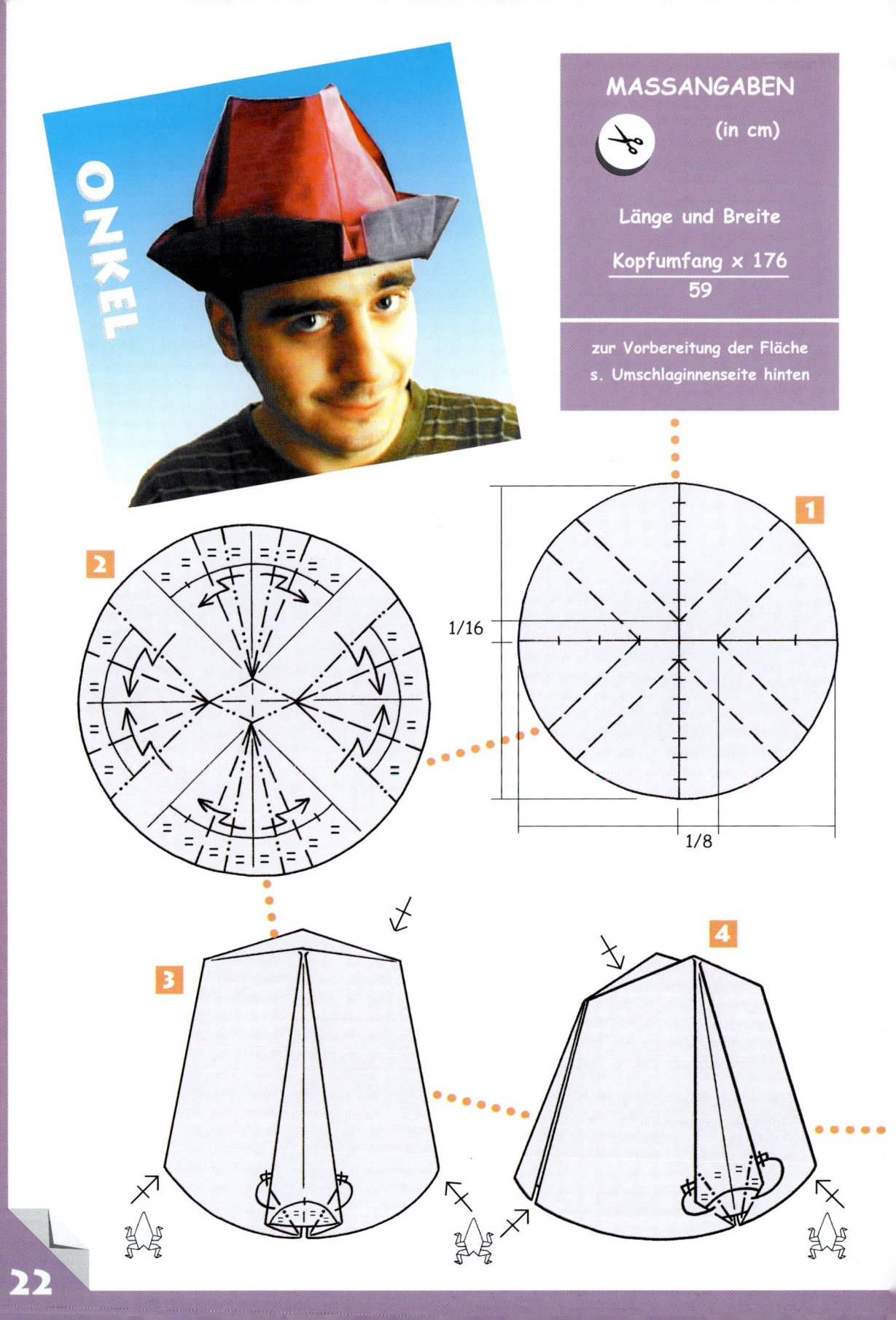

MASSANGABEN

(in cm)

Länge und Breite

$\dfrac{\text{Kopfumfang} \times 176}{59}$

zur Vorbereitung der Fläche
s. Umschlaginnenseite hinten

1/16

1/8

Eigentlich hat von allen Modellen, die hier im Buch vorkommen, nur dieser hier den Namen „Hut" verdient. Der Rest ist reine Spielerei, die man sich auf die Birne setzen kann. Der ideale Zweck für diesen klassischen Hut ist ein Sonntagsspaziergang mit der Gemahlin (s. S.68) oder dem Hündchen.

■ Besonders wichtig ist, dass der ausgeschnittene Kreis der Grundfläche nicht eiförmig wird. Wenn man dann nämlich mit der Schere nachschneiden muss, wird der Hut zu klein.

■ Um bei den Falten am Schirm nicht die Nerven zu verlieren, sollte das Papier nicht zu dick sein.

■ Die Falten im 4. und 5. Schritt sind die schwierigsten, denn man muss das Papier davon überzeugen, dass die Faltung den ganzen Kreis entlang gemacht werden muss; das schafft man nur, indem man es ganz langsam und geduldig zum Nachgeben bringt und die markierten Stellen mit Büroklammern befestigt.

■ Den Hut kann man gerade oder auch seitlich aufsetzen.

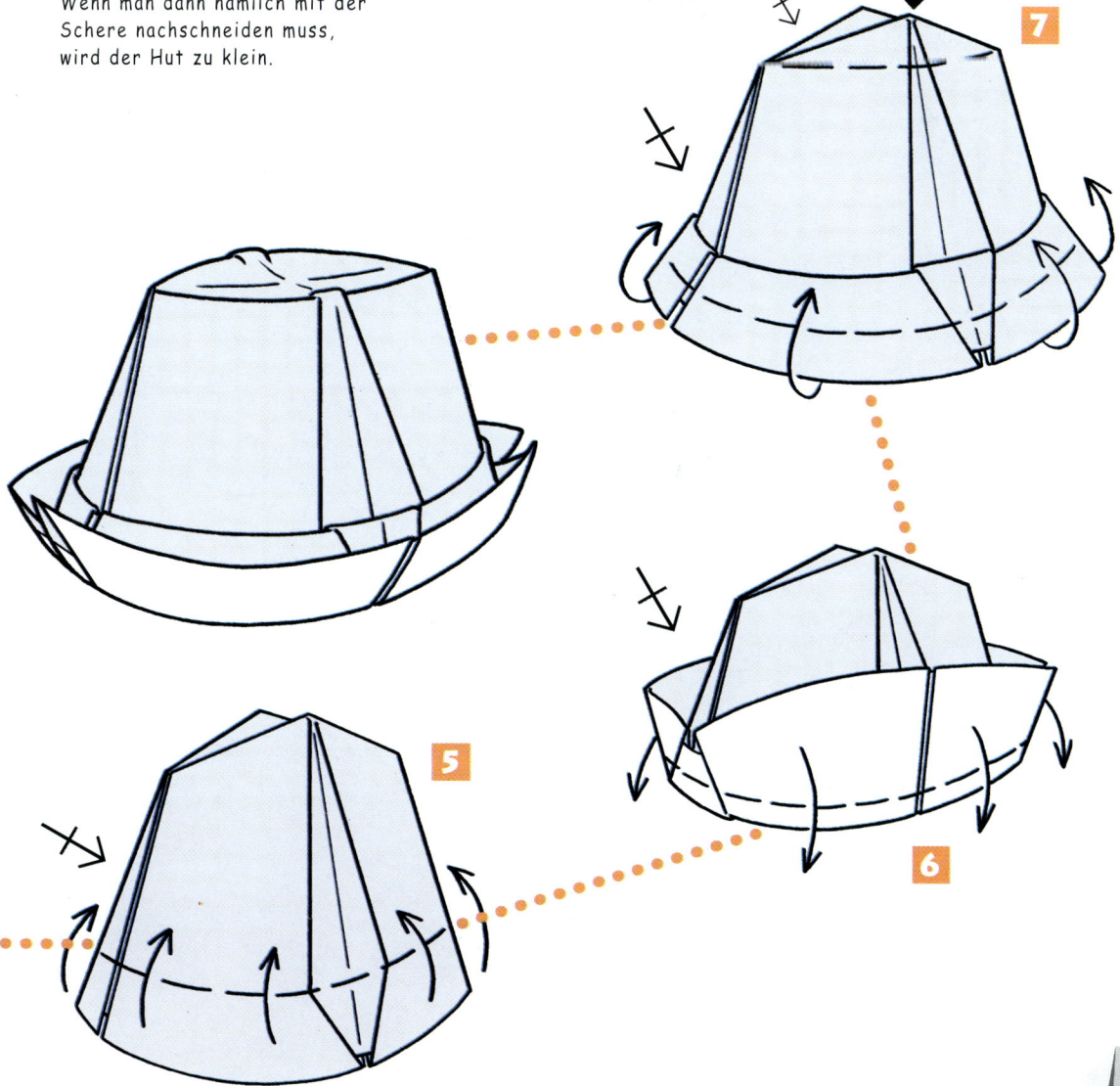

23

SYDNEY

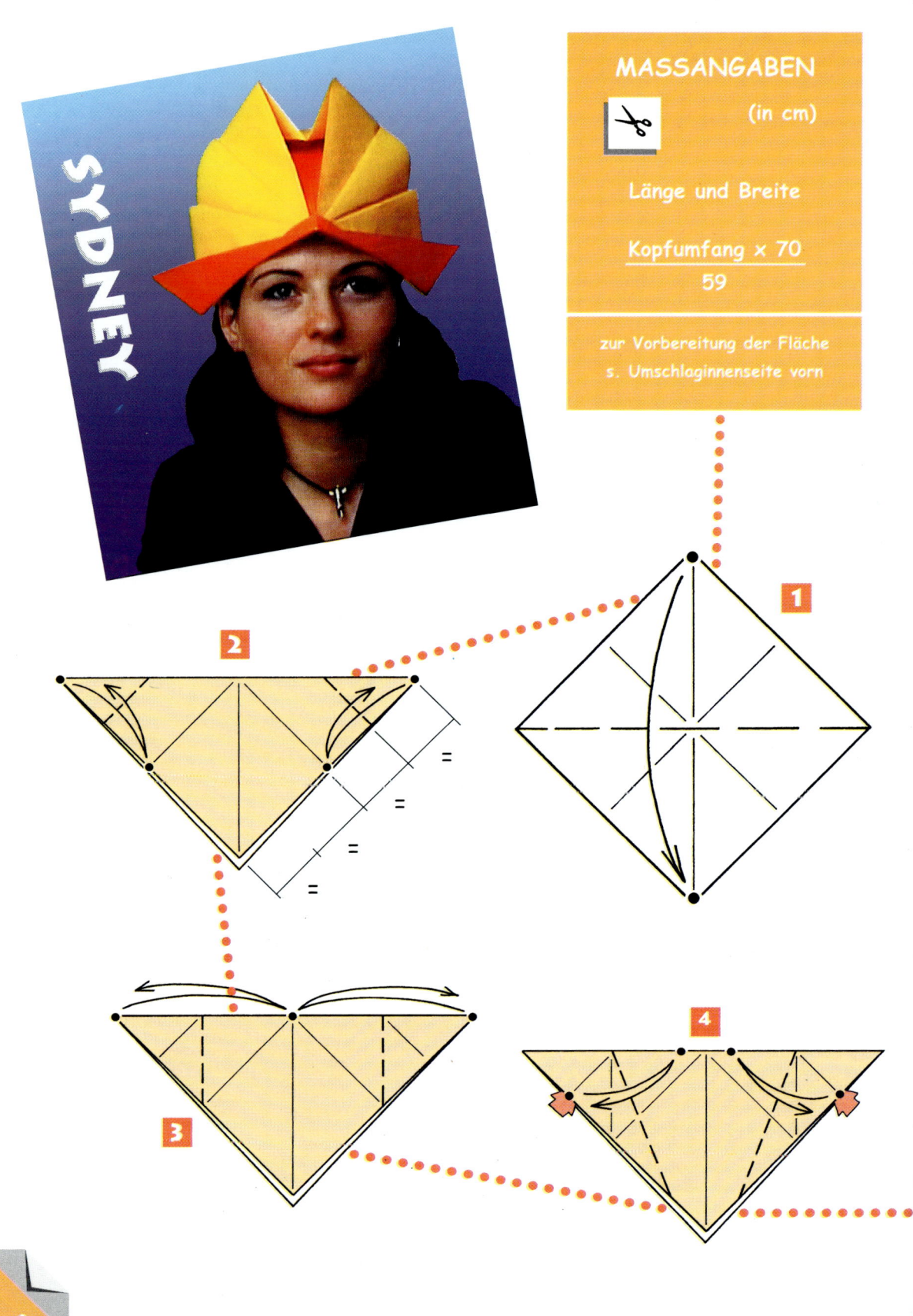

MASSANGABEN

(in cm)

Länge und Breite

$\dfrac{\text{Kopfumfang} \times 70}{59}$

zur Vorbereitung der Fläche
s. Umschlaginnenseite vorn

Kann sein, dass man nicht gleich erkennt, was man mit diesem Hut eigentlich anfangen kann. Aber ich finde ihn so elegant, dass ich es schade gefunden hätte, ihn wegzulassen. Und wer mal nach Sydney kommt und sich mit dem aufgesetzten Hut vor dem berühmten Opernhaus fotografieren lässt, wird sich der Stadt gleich zugehörig fühlen.

■ Dickes Papier macht die fertige Struktur stabiler, aber auch mit nicht ganz so dickem Papier gelingt der Hut immer.

■ Wer die Falten zum Vorschein kommen lassen möchte, sollte im ersten Schritt Papier mit einfarbiger Rückseite wählen.

■ Um die Falten im 13. und 14. Schritt machen zu können, sollte man das Modell in Form bringen. Am besten markiert man sie vorher.

■ Um den Hut irgendwohin mitnehmen zu können, sollte man ihn bis zum 13. Schritt wieder entfalten.

■ Der Hut ist aber nicht nur elegant; er ist auch bequem und sehr stabil.

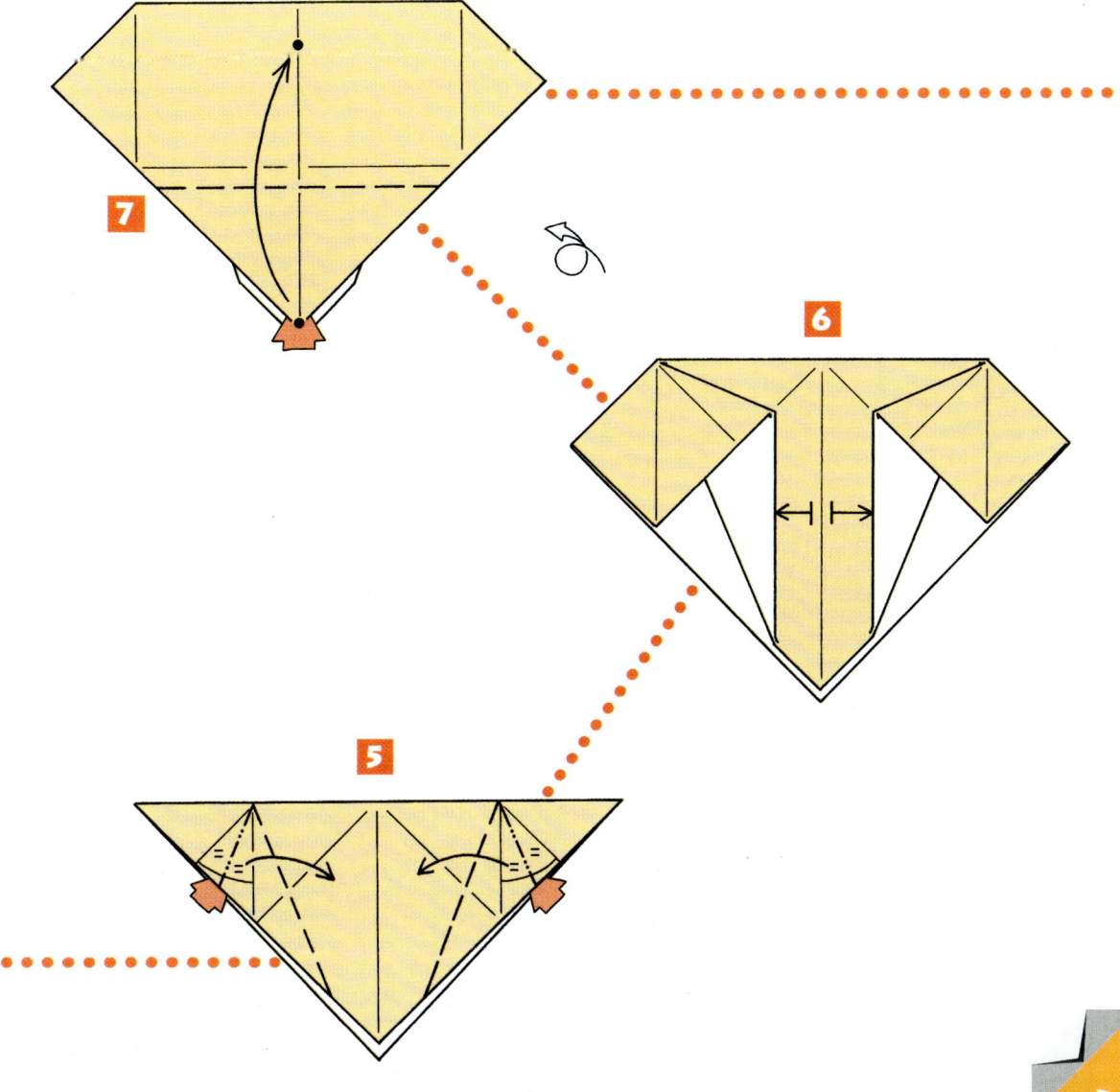

25

8

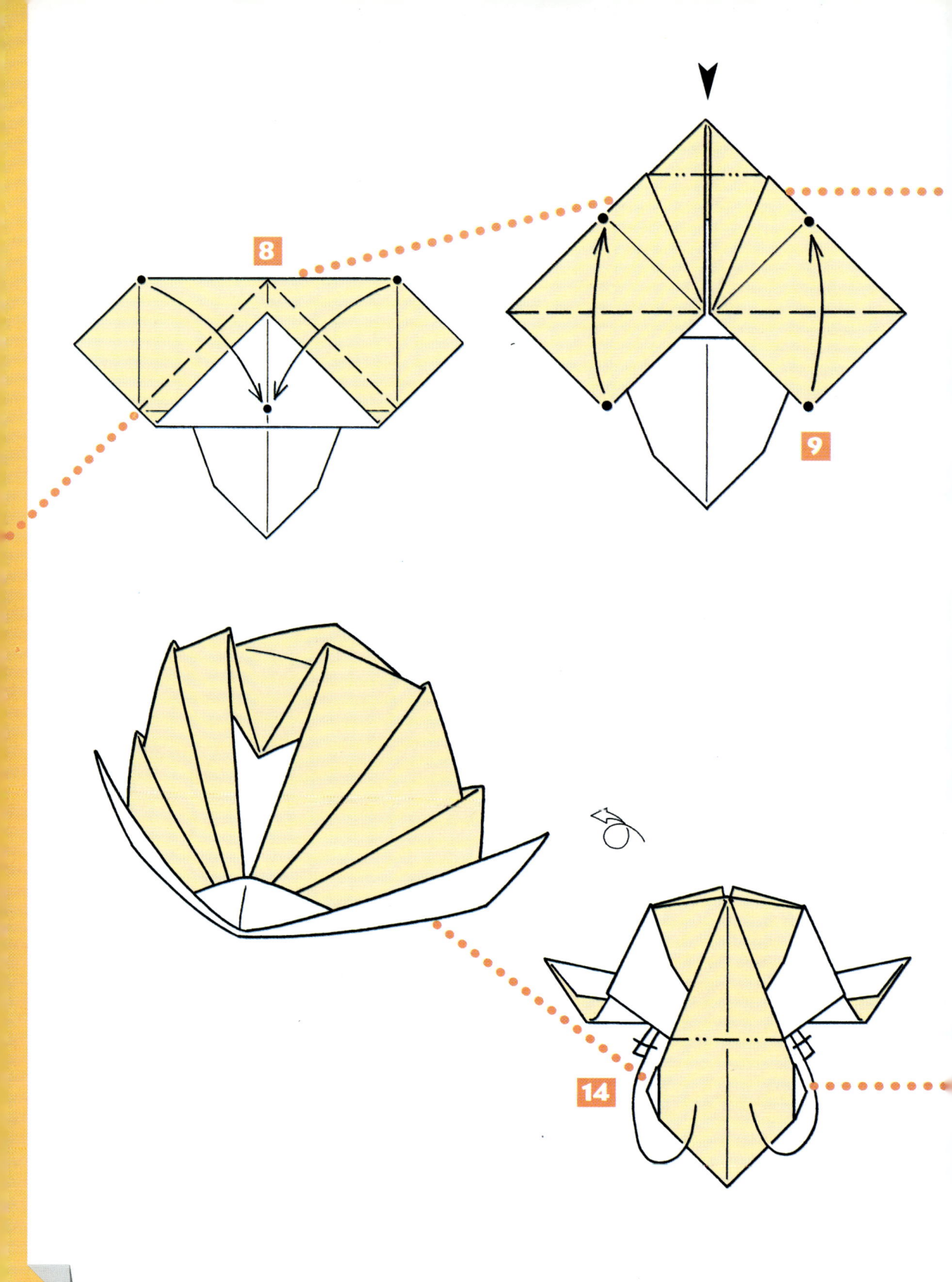

9

14

26

10

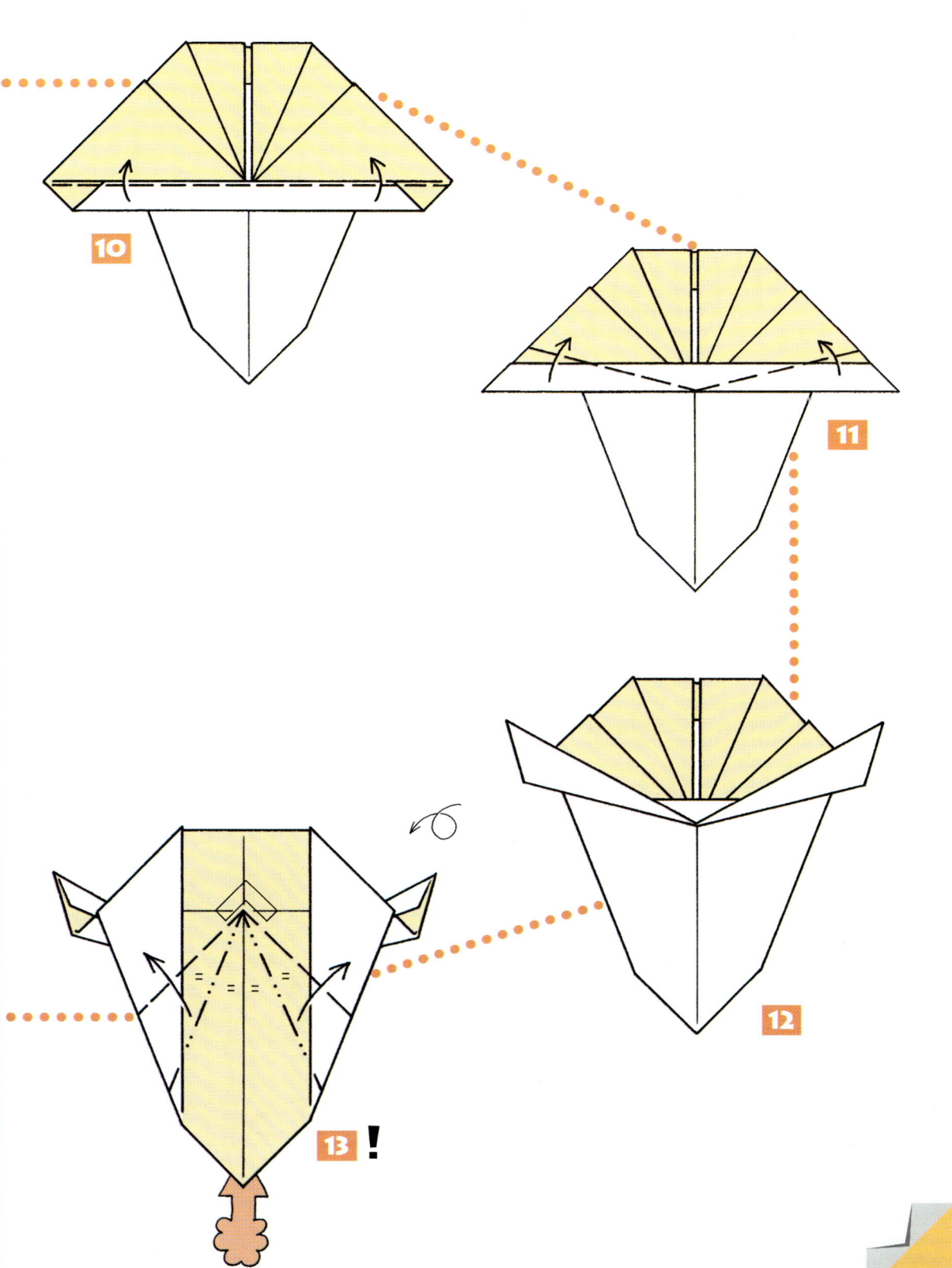

11

12

13 !

27

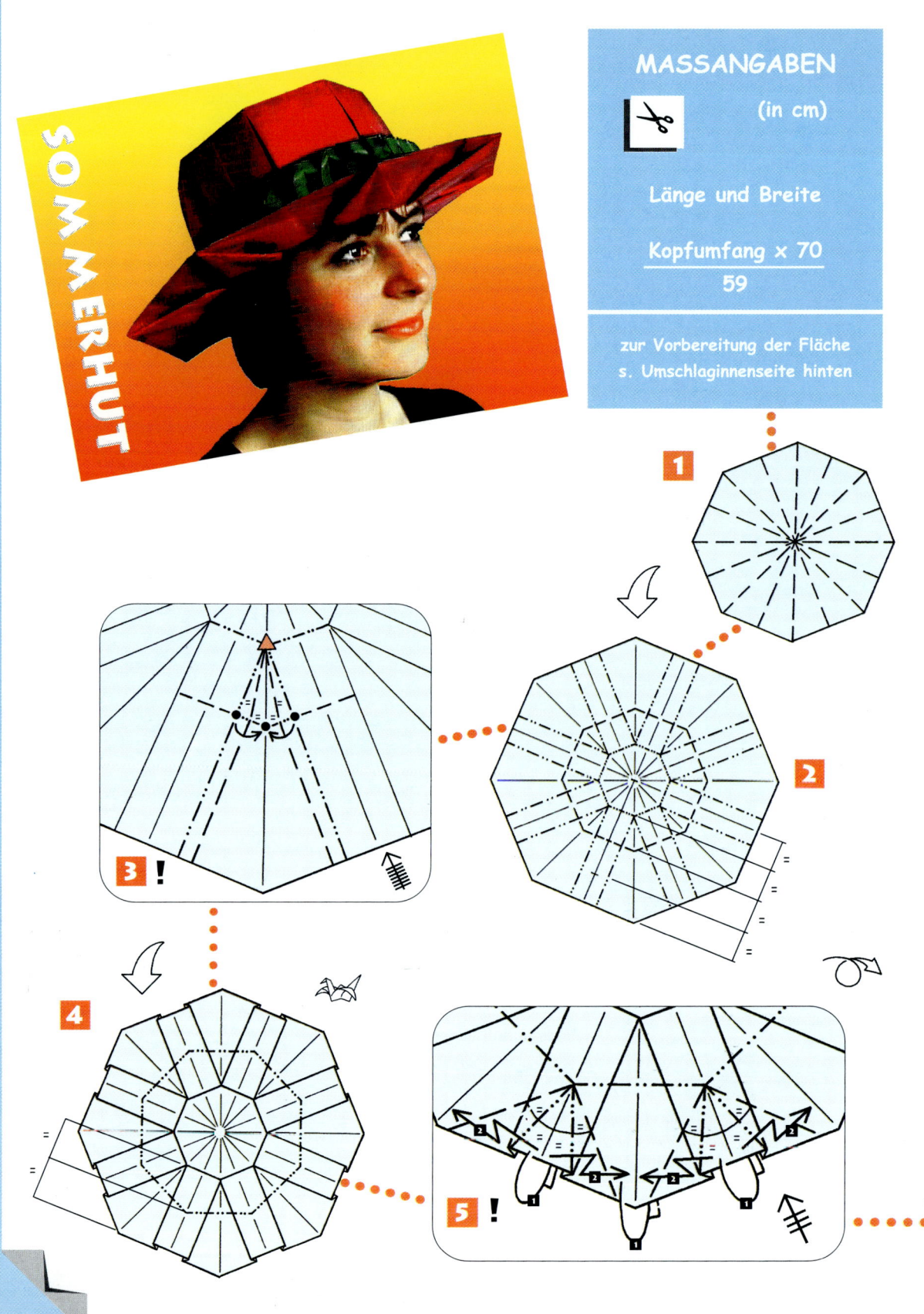

SOMMERHUT

MASSANGABEN
(in cm)

Länge und Breite

$\dfrac{\text{Kopfumfang} \times 70}{59}$

zur Vorbereitung der Fläche
s. Umschlaginnenseite hinten

Zur Vorwarnung sei gesagt, dass dieses Modell nicht unbedingt schwer, sondern eher sehr zeitaufwendig ist. Will man korrekt arbeiten, sollte man sich für jeden Schritt Zeit nehmen. Der Kranz, der auf dem Foto abgebildet ist, findet sich auf S. 34 wieder. Bei der Formel für das Modell *Kranz* braucht man dann nur noch die Maße des Kopfumfangs durch die Maße des Außendurchmessers des fertigen Sommerhuts zu ersetzen.

■ Um mit der erforderlichen Genauigkeit arbeiten zu können, braucht man dünnes Papier.

■ Am Ende sieht man nur noch eine Farbe. Wenn man bedrucktes Papier benutzen will, empfehle ich gestreiftes. Einfarbiges Papier bringt andererseits die Formen unter dem Schirm viel besser zum Vorschein.

■ Der 3. und der 4. Schritt bedürfen besonderer Aufmerksamkeit. Von da ab arbeitet man bis zum Schluss dreidimensional. Es ist wirklich ratsam, vor dem Nachziehen beim Falten die Tischkante zu Hilfe zu nehmen.

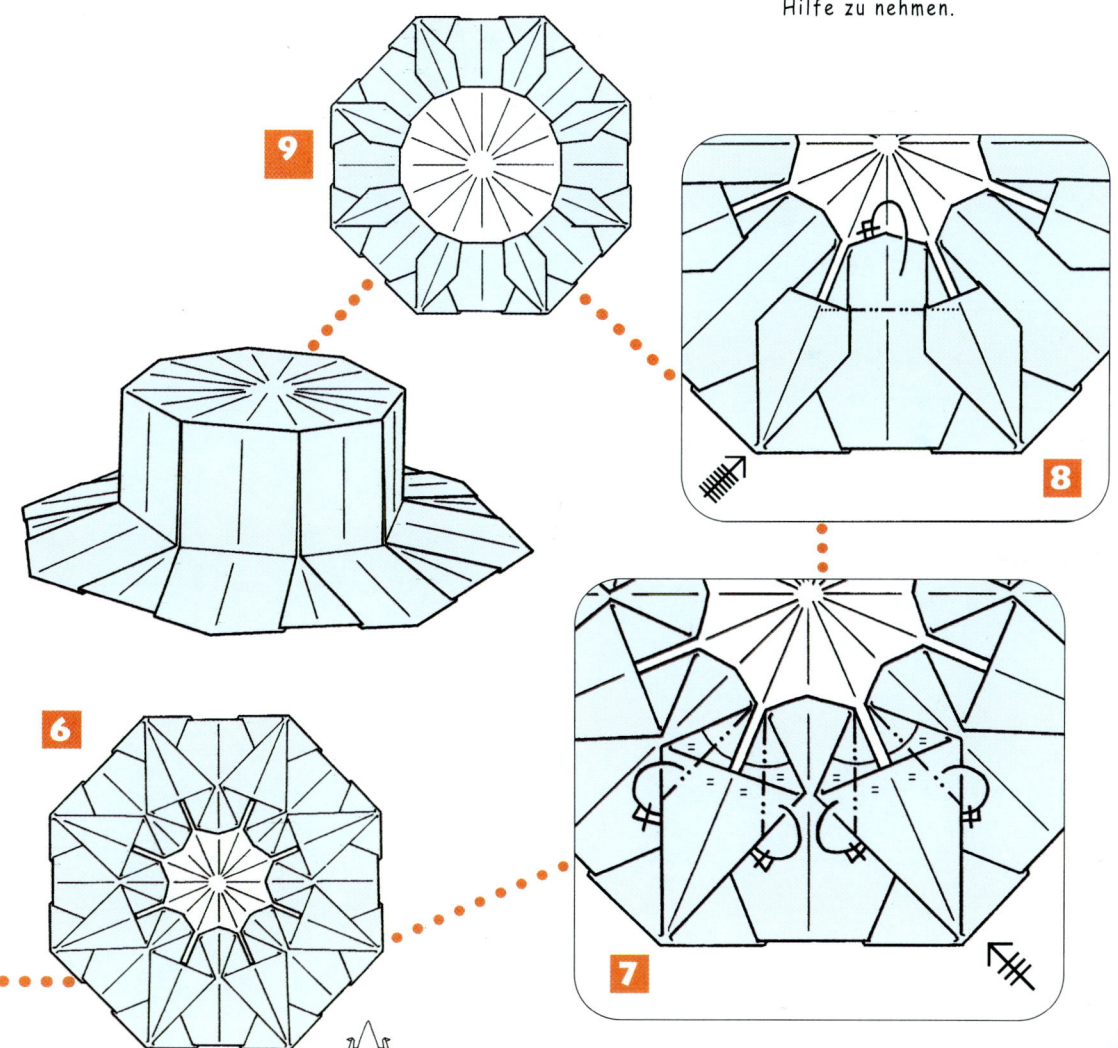

NOFRETETE

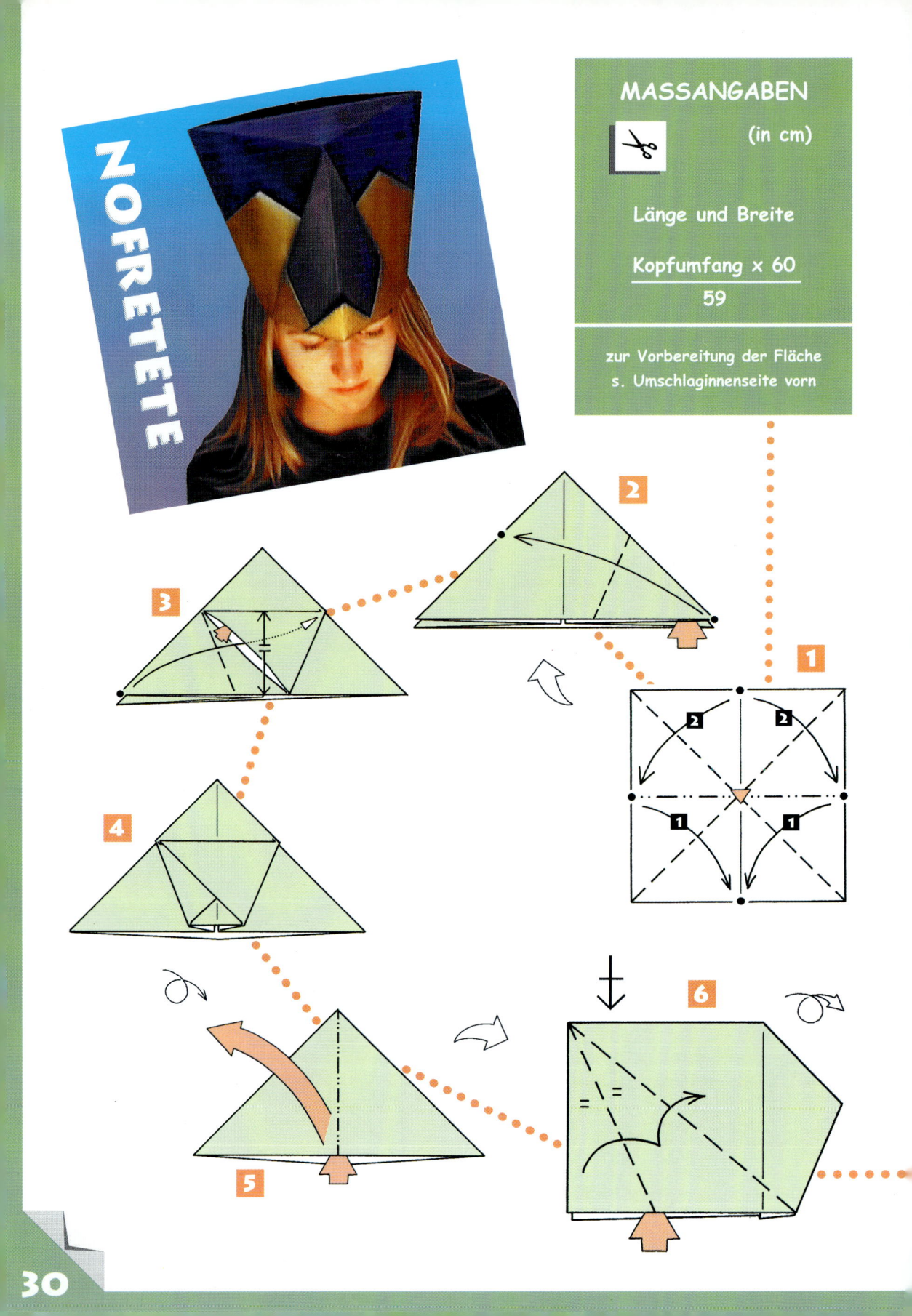

MASSANGABEN
(in cm)

Länge und Breite

$\dfrac{\text{Kopfumfang} \times 60}{59}$

zur Vorbereitung der Fläche
s. Umschlaginnenseite vorn

Wie in jeder Mode, die aus Ägypten kommt, ist die Seitenansicht die begehrteste. Aber die Betrachtenden können den Hut und all seine geheimnisvollen Wölbungen erst richtig genießen, wenn man sich einmal langsam dreht. Und man kann, um dem Ganzen noch mehr Rätselhaftigkeit zu verleihen, den Hut auf der Stirnseite noch mit einem Auge, einer Schlange oder einer anderen Hieroglyphe bemalen.

■ Die eingeschobenen Falten im 3. Schritt gelingen eher, wenn das Papier ein bisschen steif ist.

■ Die Kombination von einfarbigem mit bedrucktem Papier verleiht dem Hut eine interessante und modernisierte Variante des Alten Ägyptens.

■ Der Hut basiert auf einer klassischen Grundform im Origami, genannt „Wasserbombe" (s. *Safari*, S. 21).

■ Im 10. Schritt ist das Papier an der vorderen Seite sehr dick geworden und man muss ein bisschen mehr Druck ausüben, um das Papier noch falten zu können.

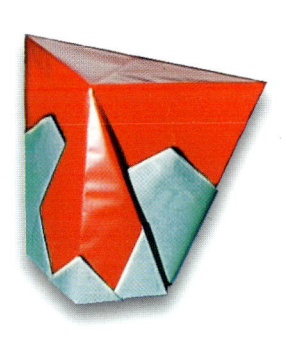

■ Sind die Maße richtig genommen und die Falten korrekt gemacht worden, dann wird der Hut genau passen. Muss man aber beim Aufsetzen Druck ausüben, läuft man Gefahr, die Falten an der hinteren Seite zu sprengen.

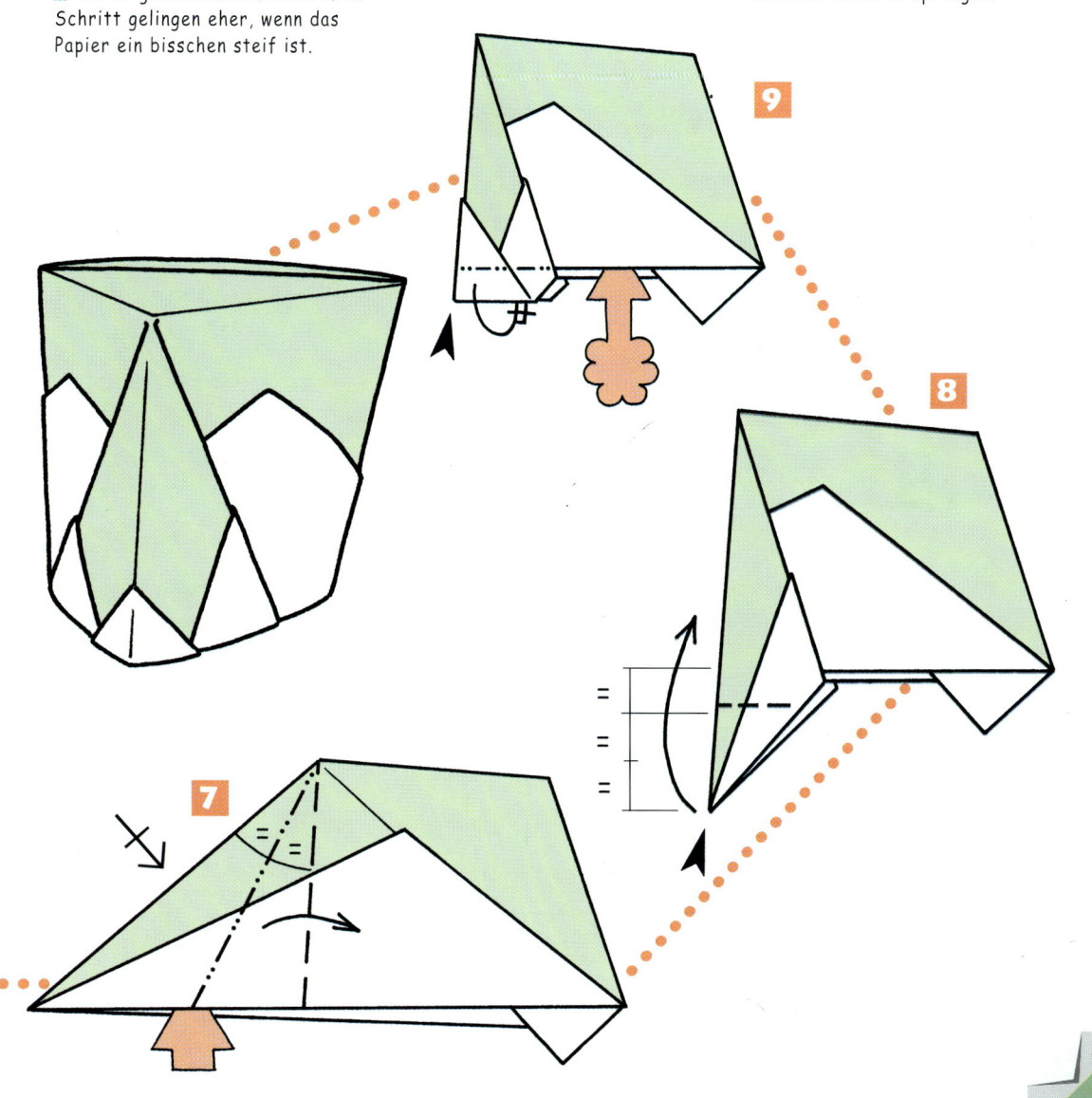

31

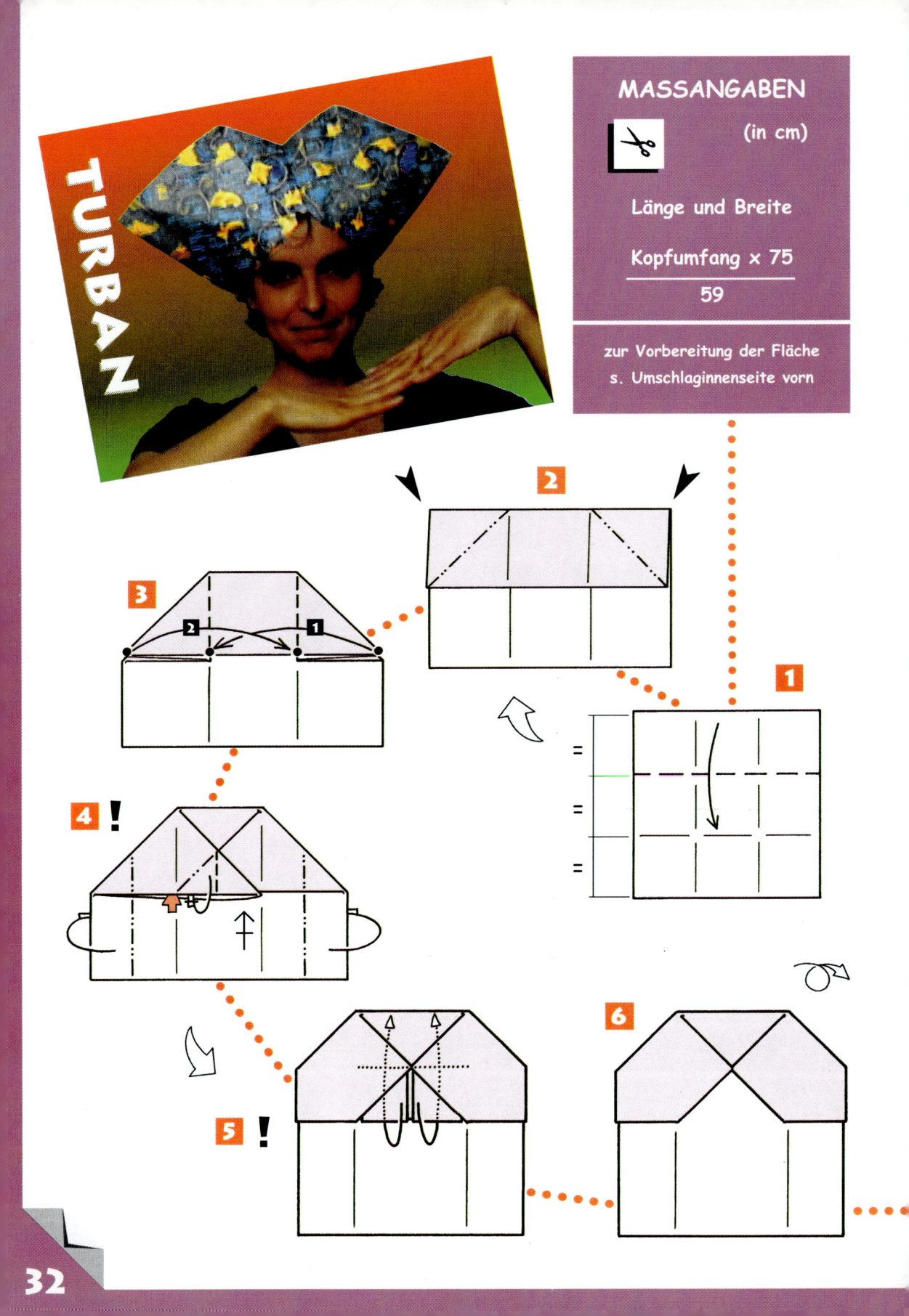

TURBAN

MASSANGABEN (in cm)

Länge und Breite

$$\frac{\text{Kopfumfang} \times 75}{59}$$

zur Vorbereitung der Fläche
s. Umschlaginnenseite vorn

32

In jedem Land wickeln sich die Menschen den Turban so um den Kopf, wie es ihnen gefällt und alle Origamisten falten einen Turban so, wie sie wollen. Dieses Modell ist nicht nur für Fakire und Schlangenbeschwörer gedacht: nimmt man zum Falten weißes Papier und bemalt die Stirnseite mit einem roten Kreuz, dann verwandelt man den Hut in ein Krankenschwesterhäubchen.

■ Um die inneren Falten im 10. Schritt machen zu können, sollte man nicht zu dickes Papier verwenden.

■ Es gibt Geschenkpapier mit barockem Ornament, das an die Welt der Kalifen erinnert, aber auch andere Papiersorten - einfarbige oder bedruckte - können die Stimmung von Tausendundeiner Nacht heraufbeschwören.

■ Ein Papier in 45-, 90- und 180-Grad-Winkeln zu falten, ruft unweigerlich Erinnerungen aus der Kindheit wach, als man mit bunten Bauklötzchen spielte.

■ Bei Schritt 4 und 5 sollte man sich genau an die Angaben und Abbildungen halten und sich nicht in die Irre führen lassen.

■ Beim Aufsetzen zeigt der Hut eine gewisse Elastizität, die man aber nicht überstrapazieren sollte, sonst gibt der Hut zu sehr nach und verliert seine Stabilität.

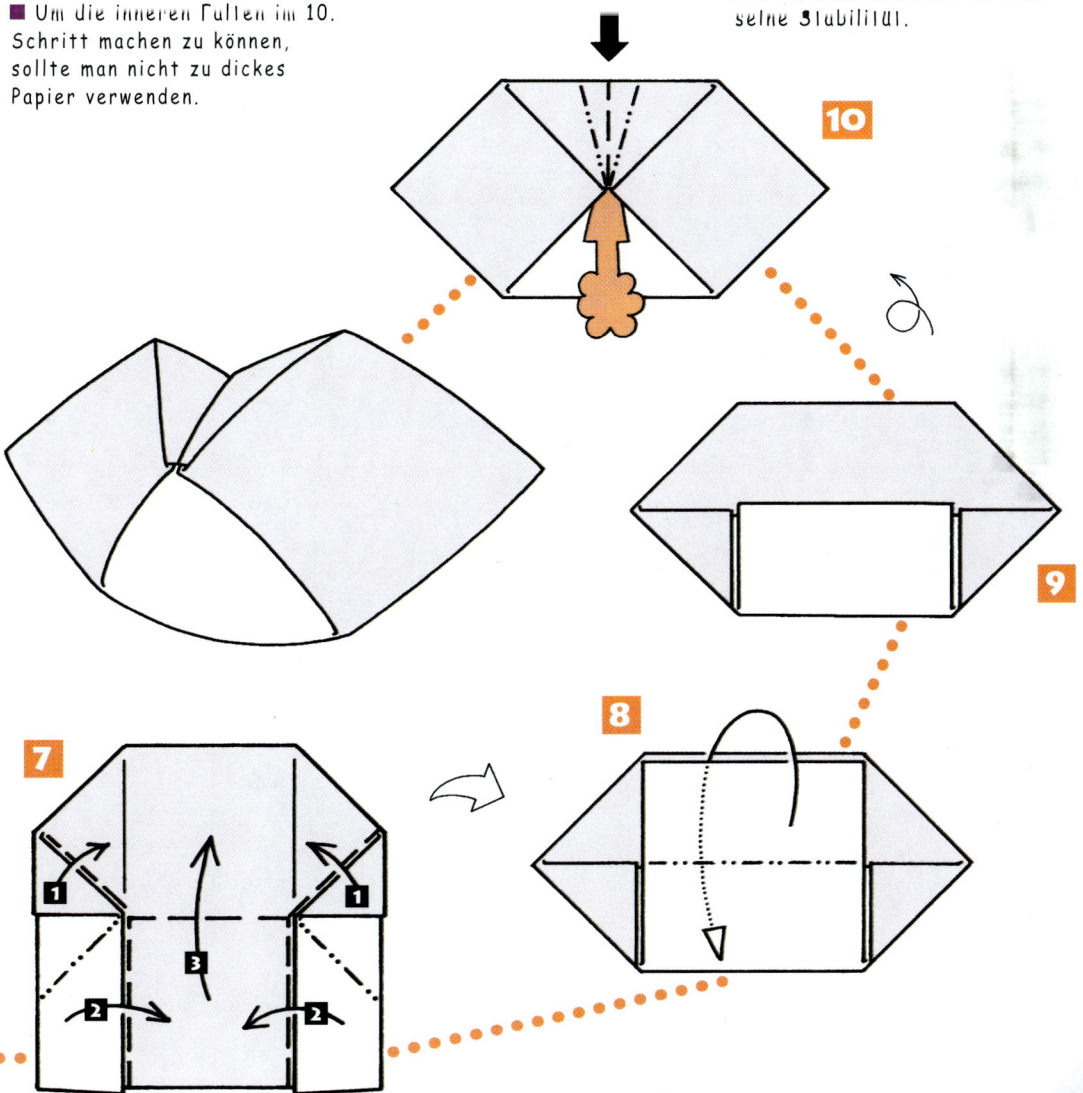

33

KRANZ

MASSANGABEN (in cm)

✂

$$\text{Länge} = \frac{\text{Kopfumfang} \times 128}{59}$$

$$\text{Breite} = \frac{\text{Kopfumfang} \times 4}{59}$$

zur Vorbereitung der Fläche
s. Umschlaginnenseite vorn

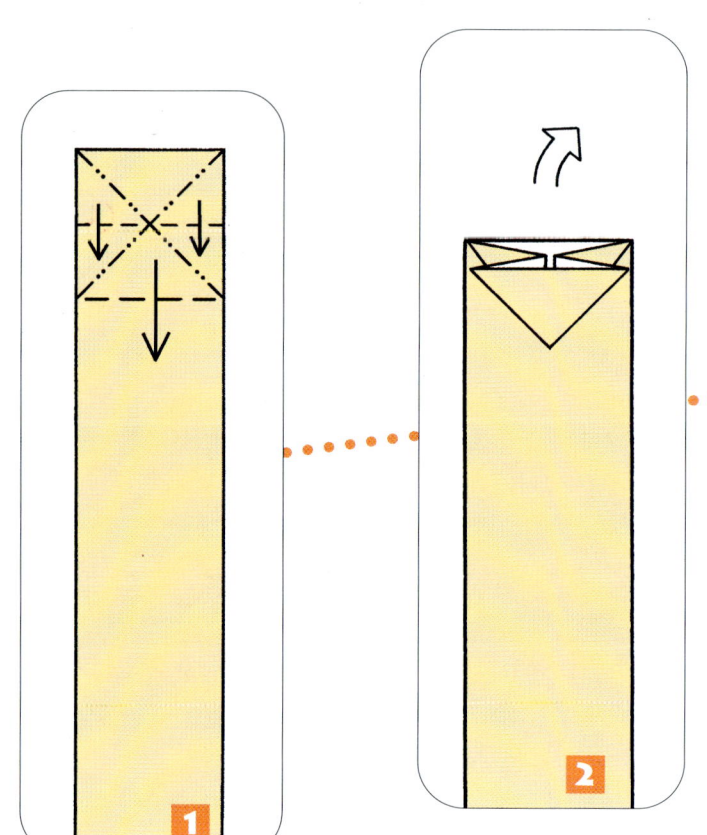

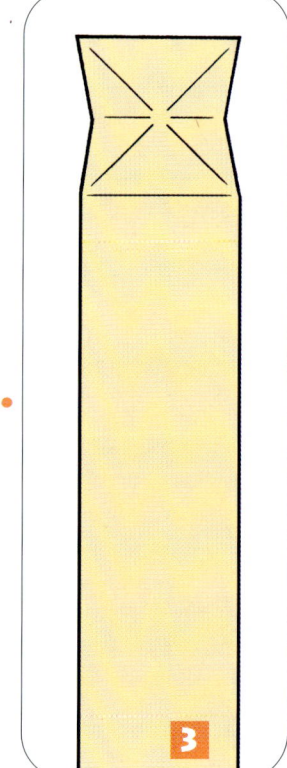

32x 1 - 3

1

2

3

Die römischen und griechischen Frauen bedeckten ihren Kopf nur, um auf den Feldern arbeiten zu können. Ansonsten legten sie sich ein Band um den Kopf, das *mitra* oder *mitra velatus* genannt wurde, und als Befestigung für den durchsichtigen Schleier diente, den sie sich umhängten. Seitdem ist viel Wasser den Rhein hinuntergeflossen, aber z.B. in Hippie-Zeiten haben viele Frauen und Männer diese Art der Zierde gepflegt.

■ Hier ist es sehr wichtig, dass man genau ausmisst und auf den Millimeter genau zuschneidet, ohne den halben Zentimeter auf- oder abzurunden, wie es bei den anderen Hüten empfehlenswert ist.

■ Sollte das Papier, das man zur Verfügung hat, nicht groß genug sein, kann man zwei oder drei Streifen anhängen, ohne sie zu kleben.

■ Dünnes Papier macht das Falten genauer. Faltet man ungenau, dann setzt sich diese Ungenauigkeit fort, und am Ende wird aus der Krone für den Kopf eine herunterhängende Halskette.

■ Die Anfertigung ist zeitaufwendig aber sehr mechanisch. Eigentlich braucht man nur ein bisschen Geschick, um zum Schluss die zwei Enden genau übereinander zu legen (Schritte 8-11), damit hinterher nicht erkennbar ist, wo man die Papierstreifen miteinander verknüpft hat.

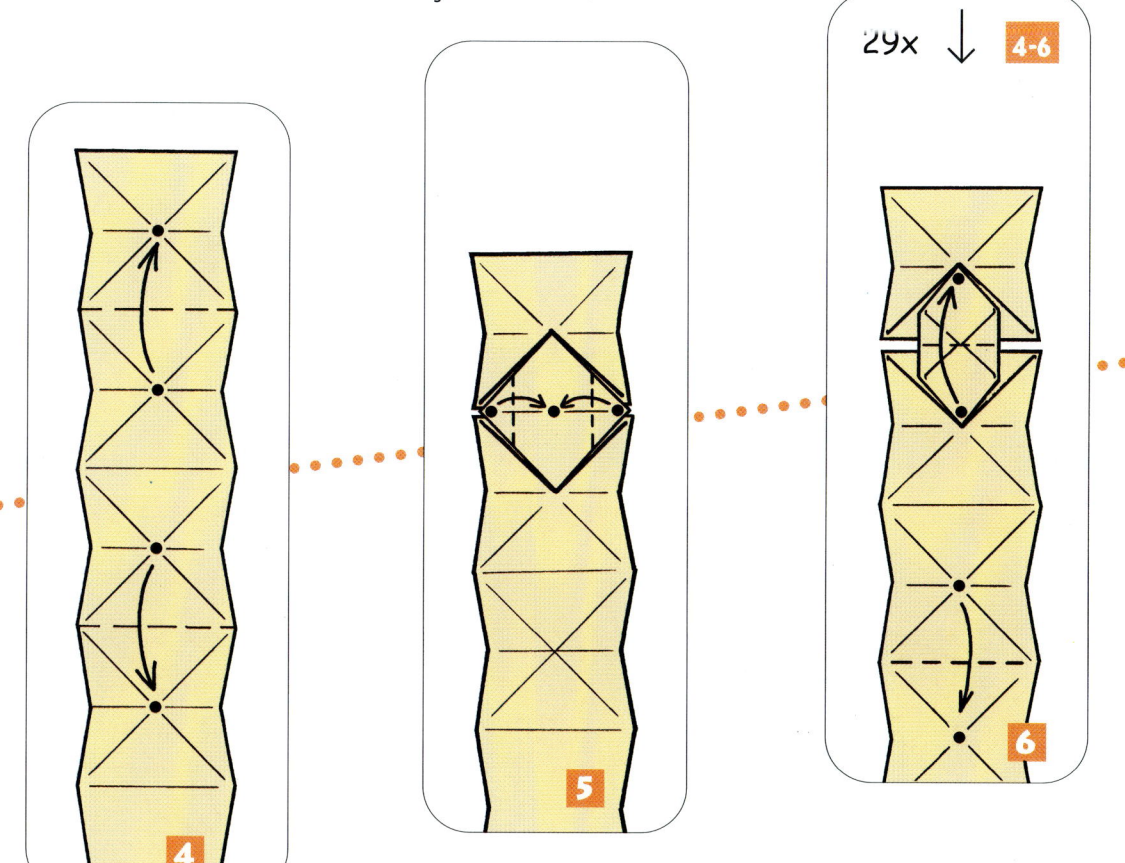

35

7

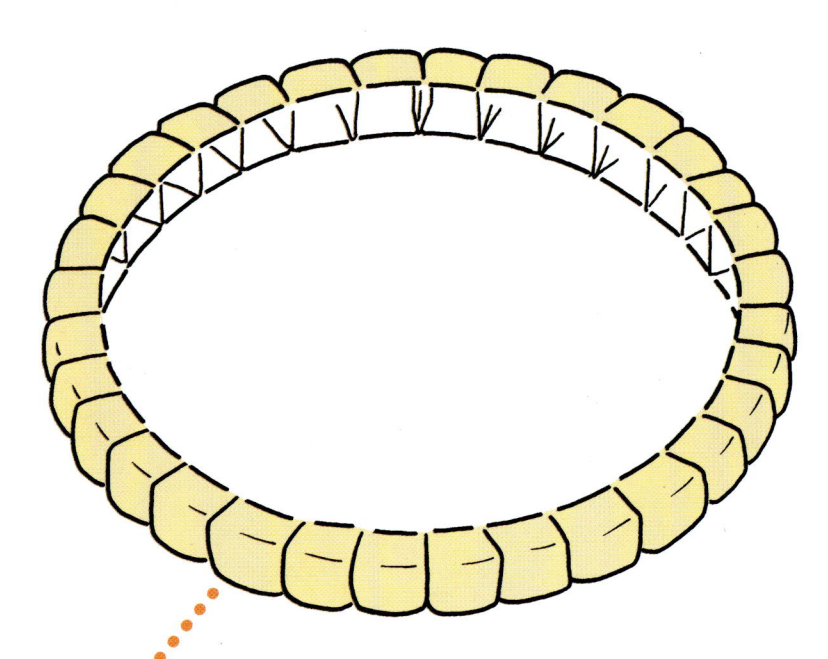

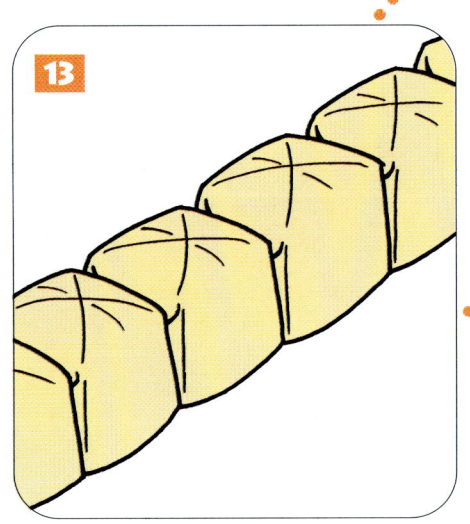

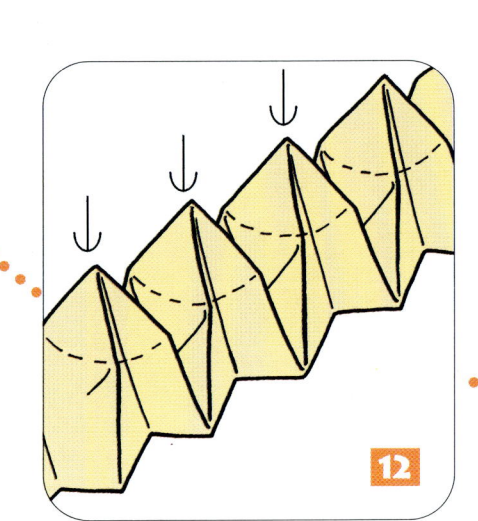

13

12

36

37

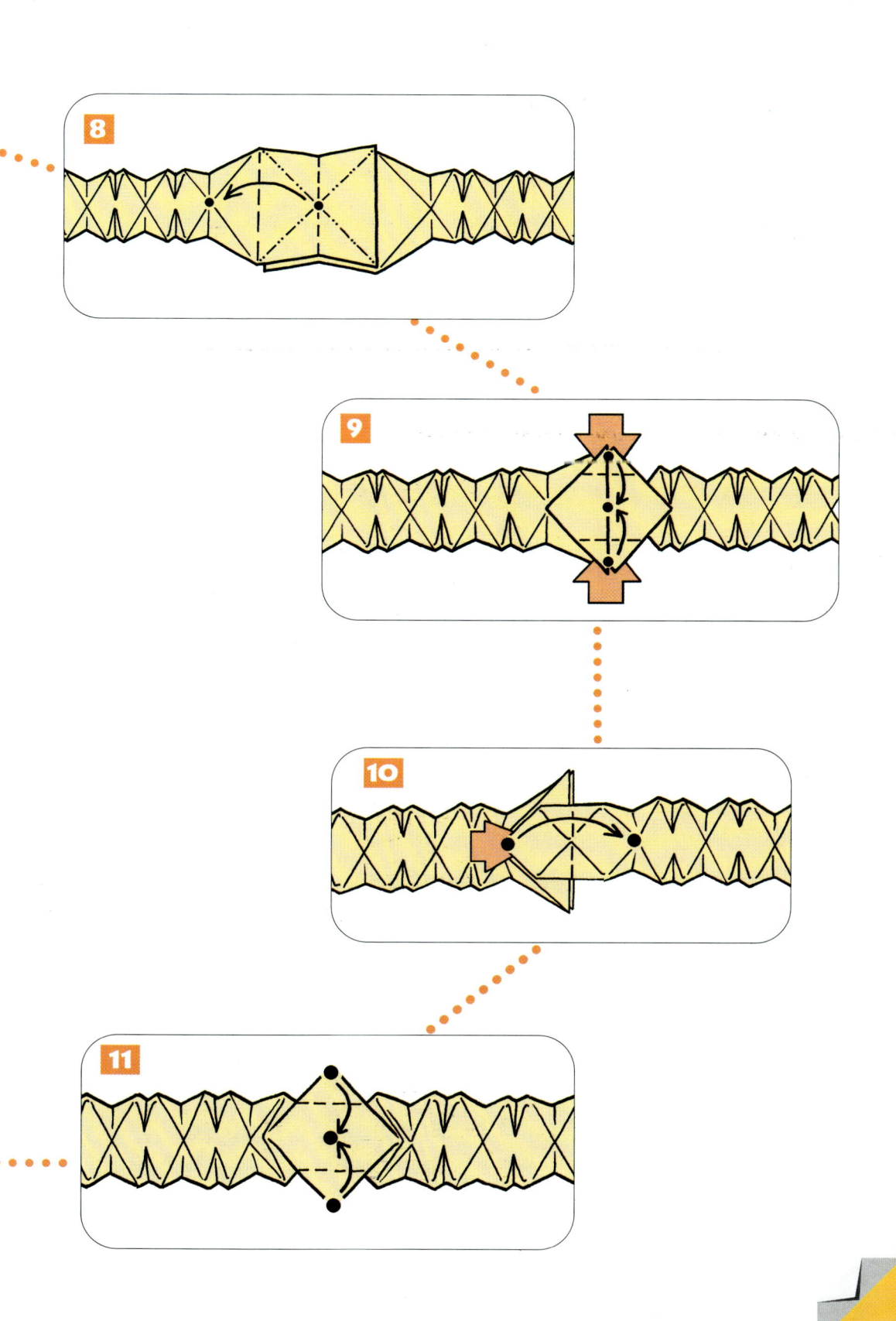

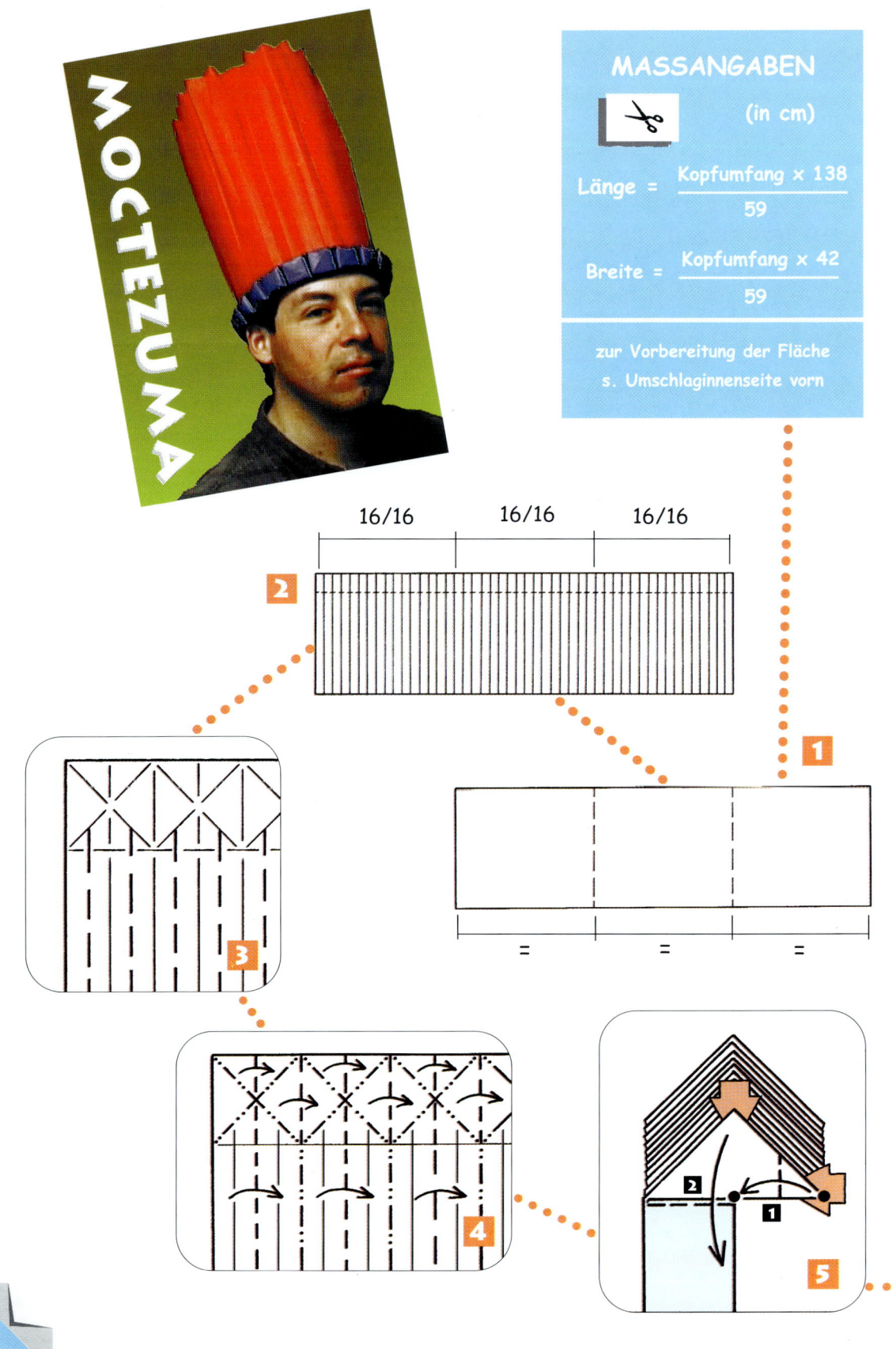

MOCTEZUMA

MASSANGABEN (in cm)

Länge = $\dfrac{\text{Kopfumfang} \times 138}{59}$

Breite = $\dfrac{\text{Kopfumfang} \times 42}{59}$

zur Vorbereitung der Fläche s. Umschlaginnenseite vorn

16/16 16/16 16/16

38

Federn auf dem Kopf zu tragen ist eine beliebte Gewohnheit, die sowohl von Robin Hood als auch von Sitting Bull gepflegt wurde. Der letzte indianische König Südamerikas Moctezuma trug auch welche, bis er die spanischen *Conquistadores* kennen lernte und dabei alle seine Federn lassen musste.

■ Für die vielen Falten bei dieser Kopfbedeckung braucht man dünnes Papier.

■ Will man die Wölbungen zum Vorschein bringen, sollte man einfache Farben wählen.

■ Um den 2. Schritt machen zu können, braucht man eigentlich nur jeden der drei Teile im ersten Schritt so oft in zwei Hälften zu teilen, bis man 16 Teile erhält (also insgesamt 48 Teile). Im 3. Schritt verdoppelt man alle und erhält 96.

■ Der komplizierteste Schritt ist das Verknüpfen der beiden Enden miteinander, aber der Rest des Ganzen ist eher langatmig als schwierig, eher mühselig als kompliziert.

■ Bevor man anfängt, Indianer zu spielen, sollte man die Federn gut verteilen, damit der Hut wie ein umgedrehter Kegel aussieht.

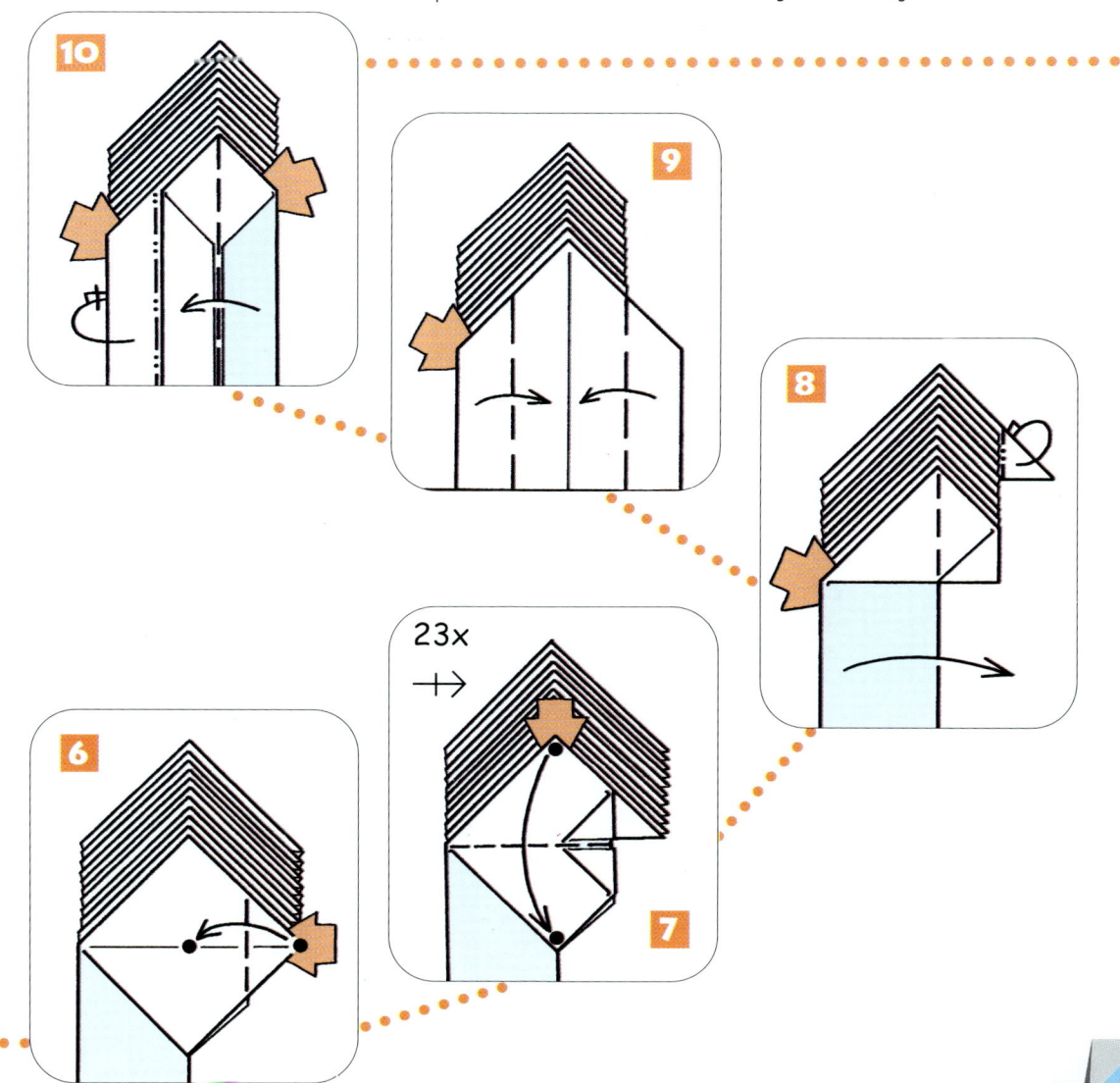

40

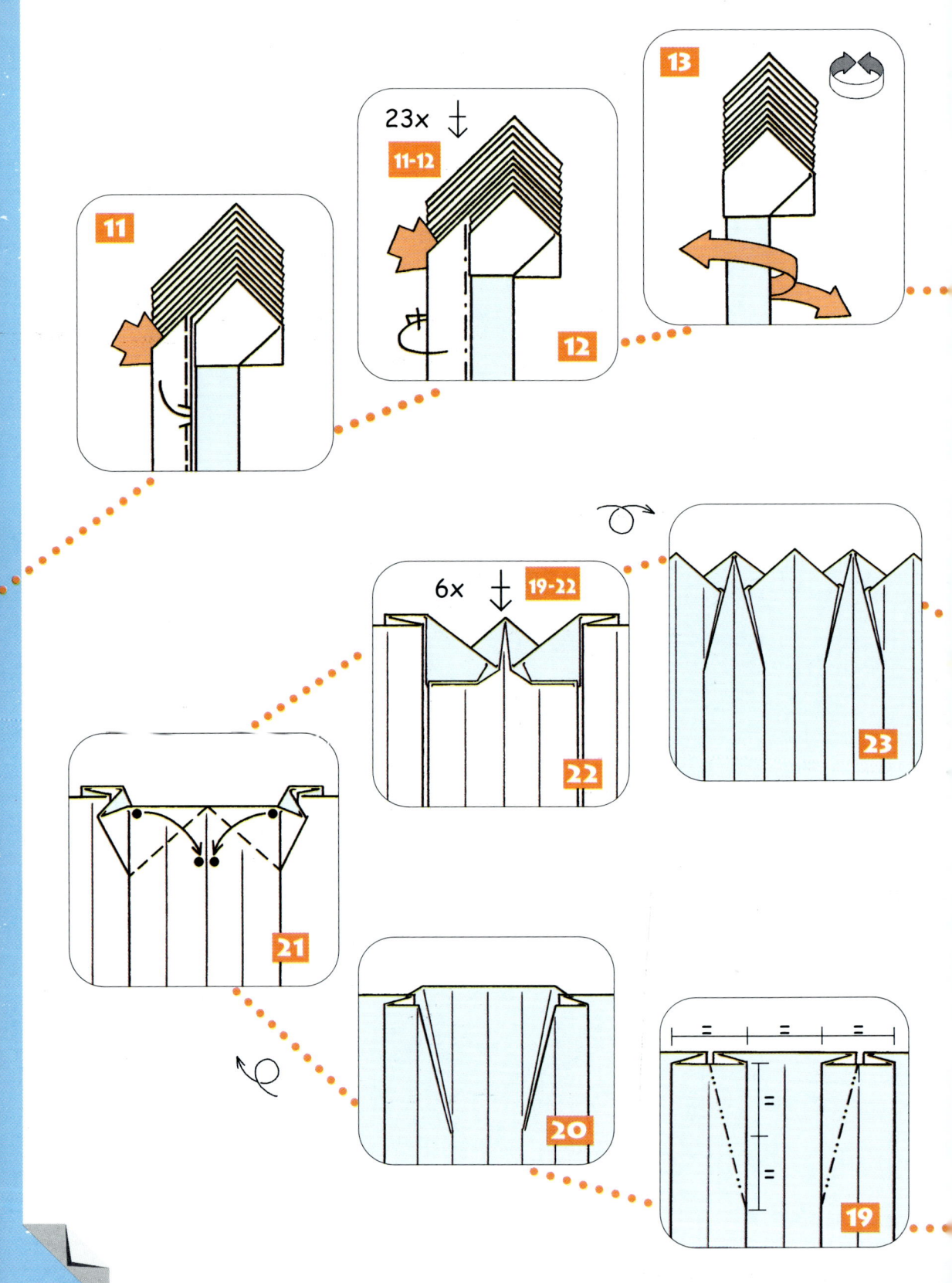

41

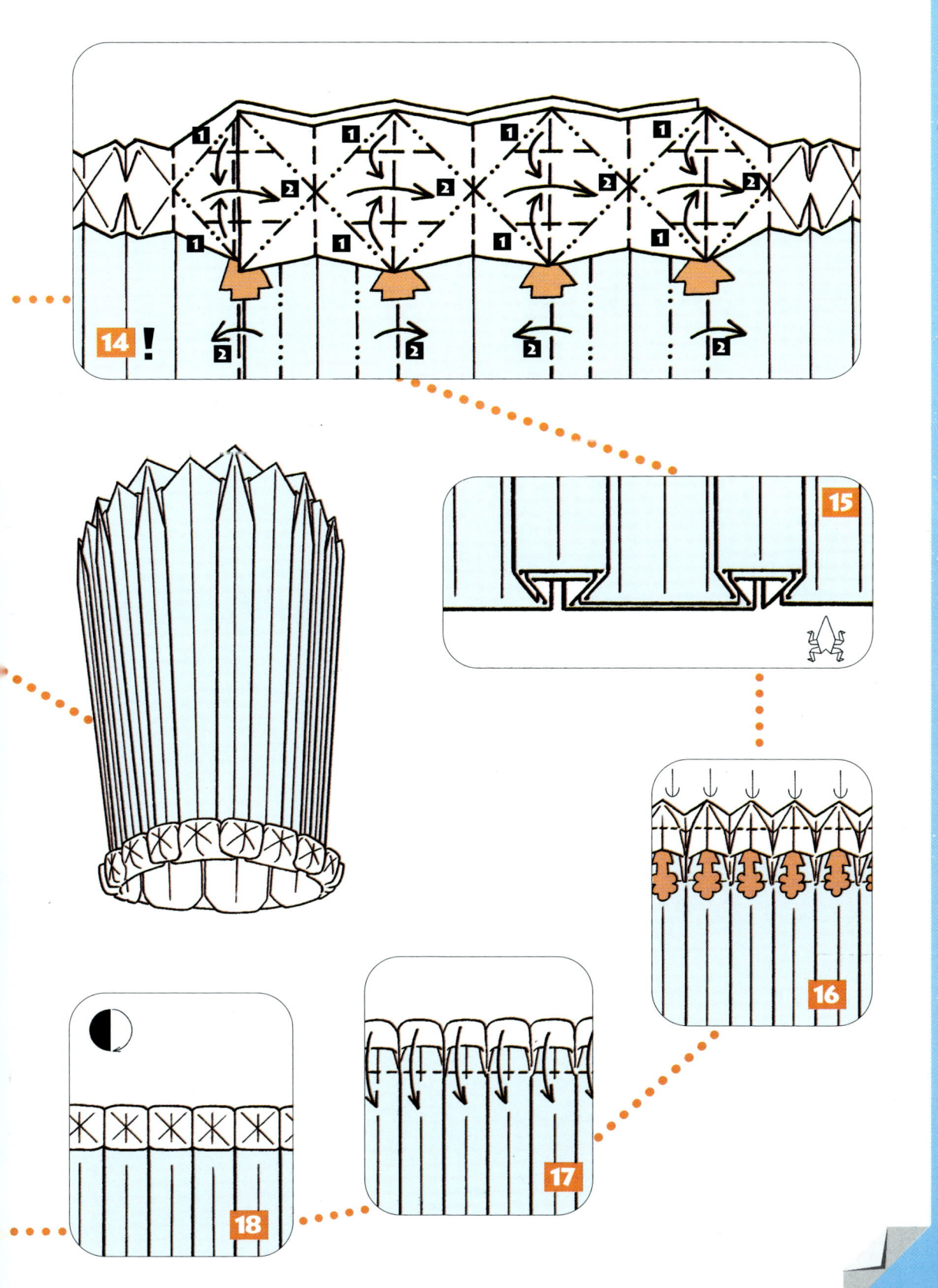

MEGASPITZ

MASSANGABEN (in cm)

Länge und Breite

$$\frac{\text{Kopfumfang} \times 100}{59}$$

zur Vorbereitung der Fläche
s. Umschlaginnenseite vorn

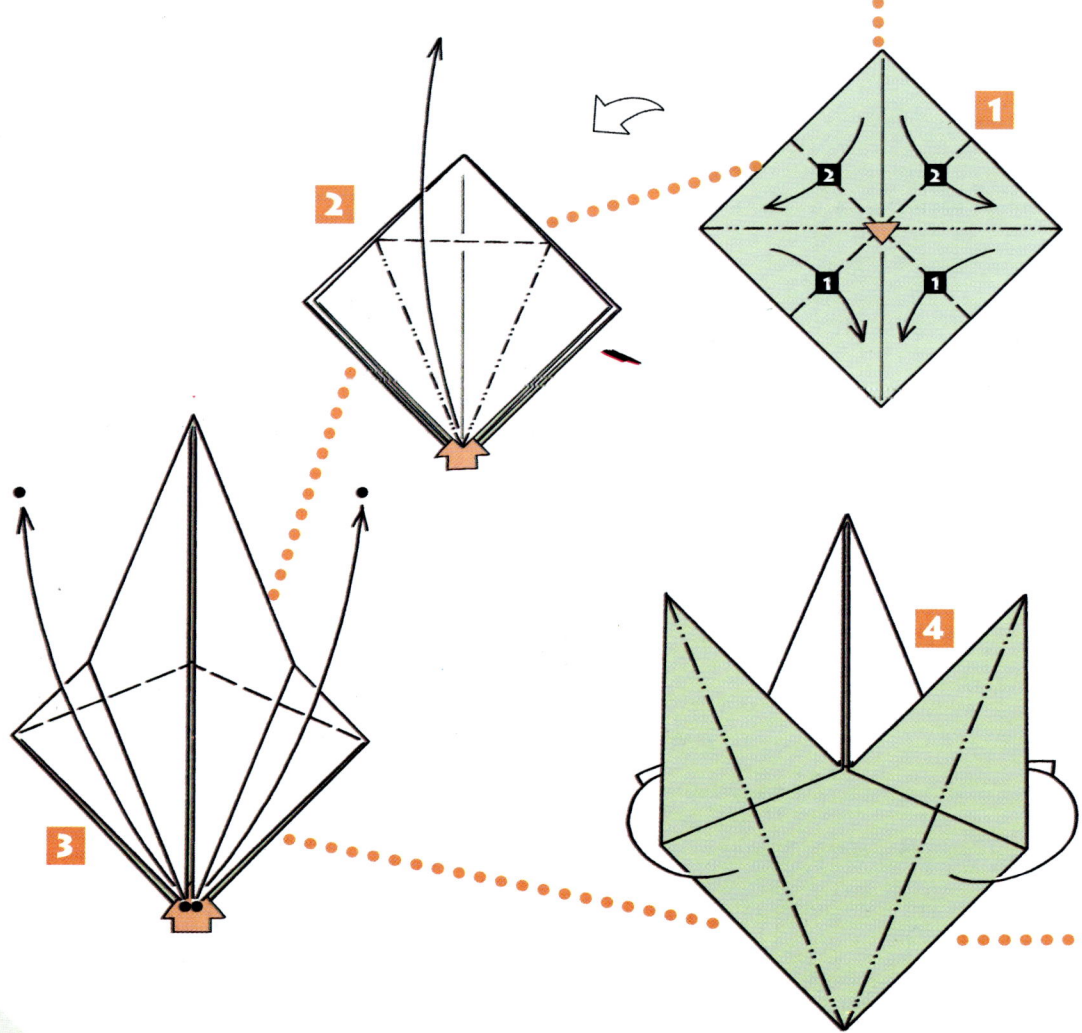

42

Um es gleich vorweg zu nehmen und damit sich im Nachhinein niemand hintergangen fühlt: dieser Hut wird nicht durch die Tür passen. Man sollte auch nicht den Hut aufsetzen und dann nach Meißen fahren, um sich mal in einem Porzellangeschäft umzuschauen.

■ Die Ausmaße sind gigantisch. Daher empfiehlt es sich, ein etwas dickeres Papier zu verwenden.

■ Die Grundform „Wasserbombe" dient diesem Modell als Grundlage, aber die Falten gehen in die umgekehrte Richtung.

■ Der Hut muss den Kopf vollständig bis zu den Ohren bedecken.

■ Er sollte wie auf dem Foto abgebildet getragen werden, aber umgekehrt sieht er auch sehr schön aus.

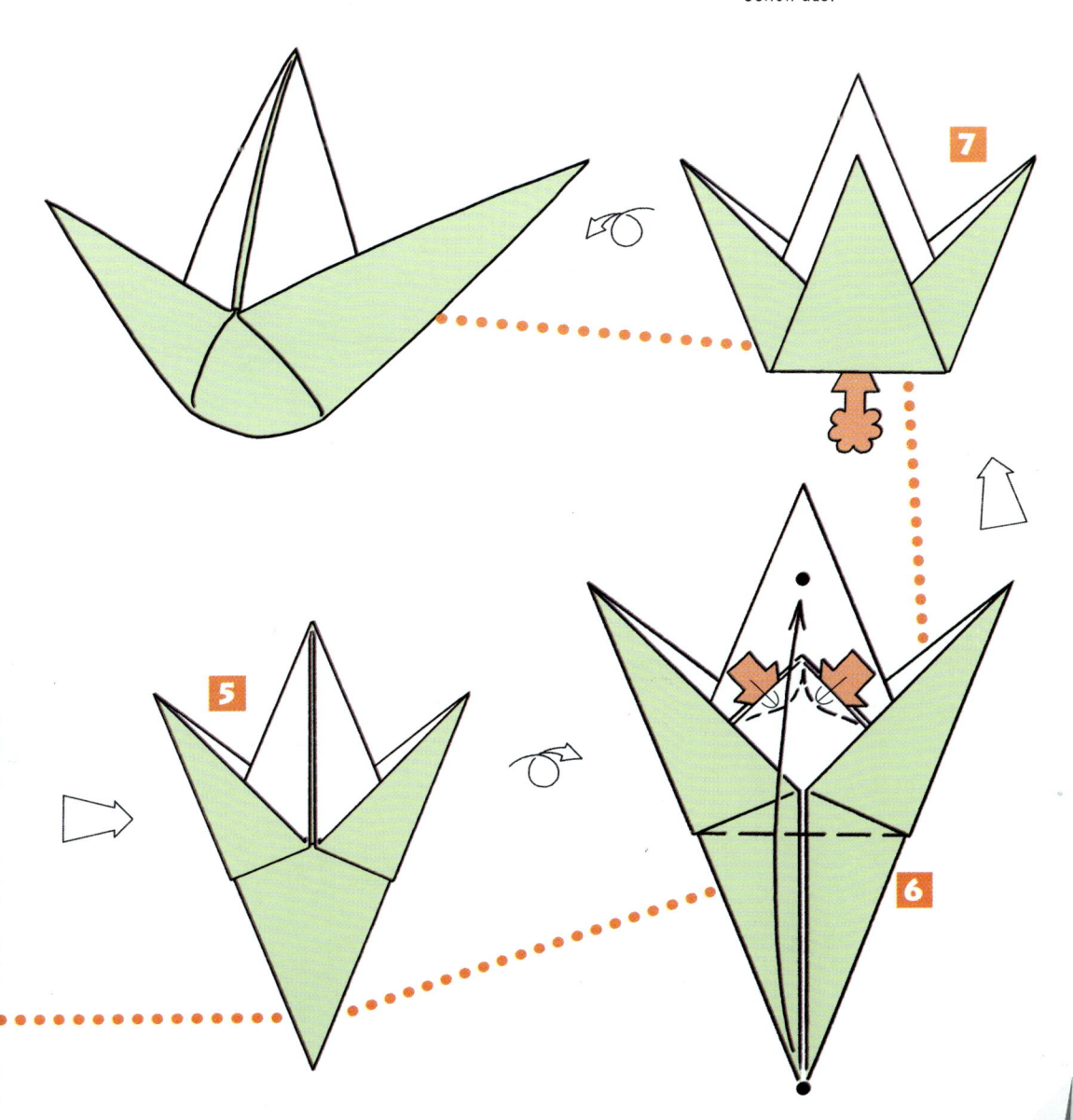

43

KNOTENKRONE

MASSANGABEN

(in cm)

Länge = $\dfrac{\text{Kopfumfang} \times 260}{59}$

Breite = $\dfrac{\text{Kopfumfang} \times 4}{59}$

zur Vorbereitung der Fläche
s. Umschlaginnenseite vorn

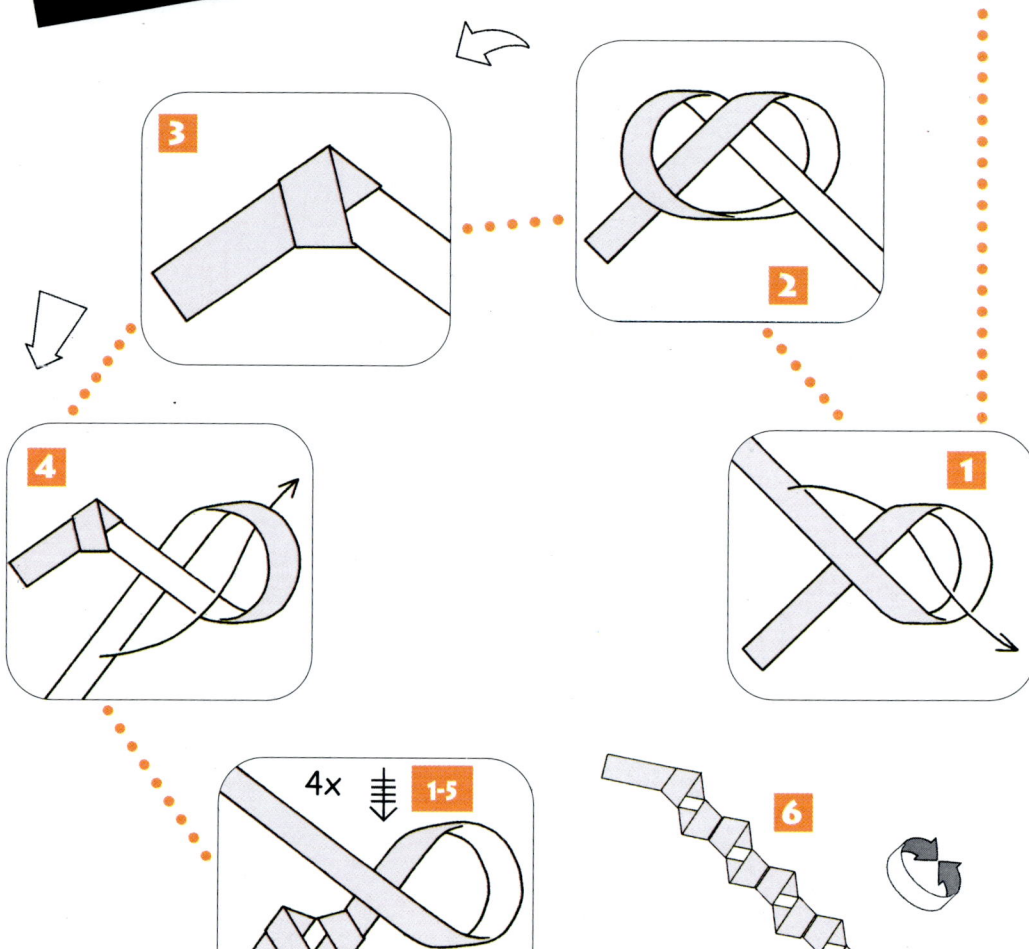

1 **2** **3** **4** **5** 4x 1-5 **6**

44

Das berühmte Motiv dieses Modells ist japanischer Herkunft. Nach dem „Trattato della Sfera" von Urbano d'Aviso, 1682 in Rom herausgegeben, nannten ihn die europäischen Geometriestudenten „Pentagonalknoten". Sie verwendeten ihn, um darauf ihre Gebete aufzuschreiben. In Deutschland bezeichnet man ihn auch als den „Daumensknoten". Hält man den 3. Schritt gegen das Licht, kann man einen fünfzackigen Stern erkennen.

■ Die Grundfläche muss bei diesem Hut auf den Millimeter genau ausgeschnitten werden und sollte nicht, wie bei den anderen Modellen 0,5 cm größer oder kleiner sein.

■ Sollte das verwendete Papier nicht groß genug sein, kann man zwei oder drei Streifen anhängen.

■ Glanzpapier hat sicher tolle Effekte, aber das wichtigste hierbei ist, dass das Papier flexibel bleibt, damit die Knoten auch festgezogen werden können. Sind sie zu locker, kann es sein, dass am Ende noch Papier fehlt, um die Krone zum Abschluss zu bringen.

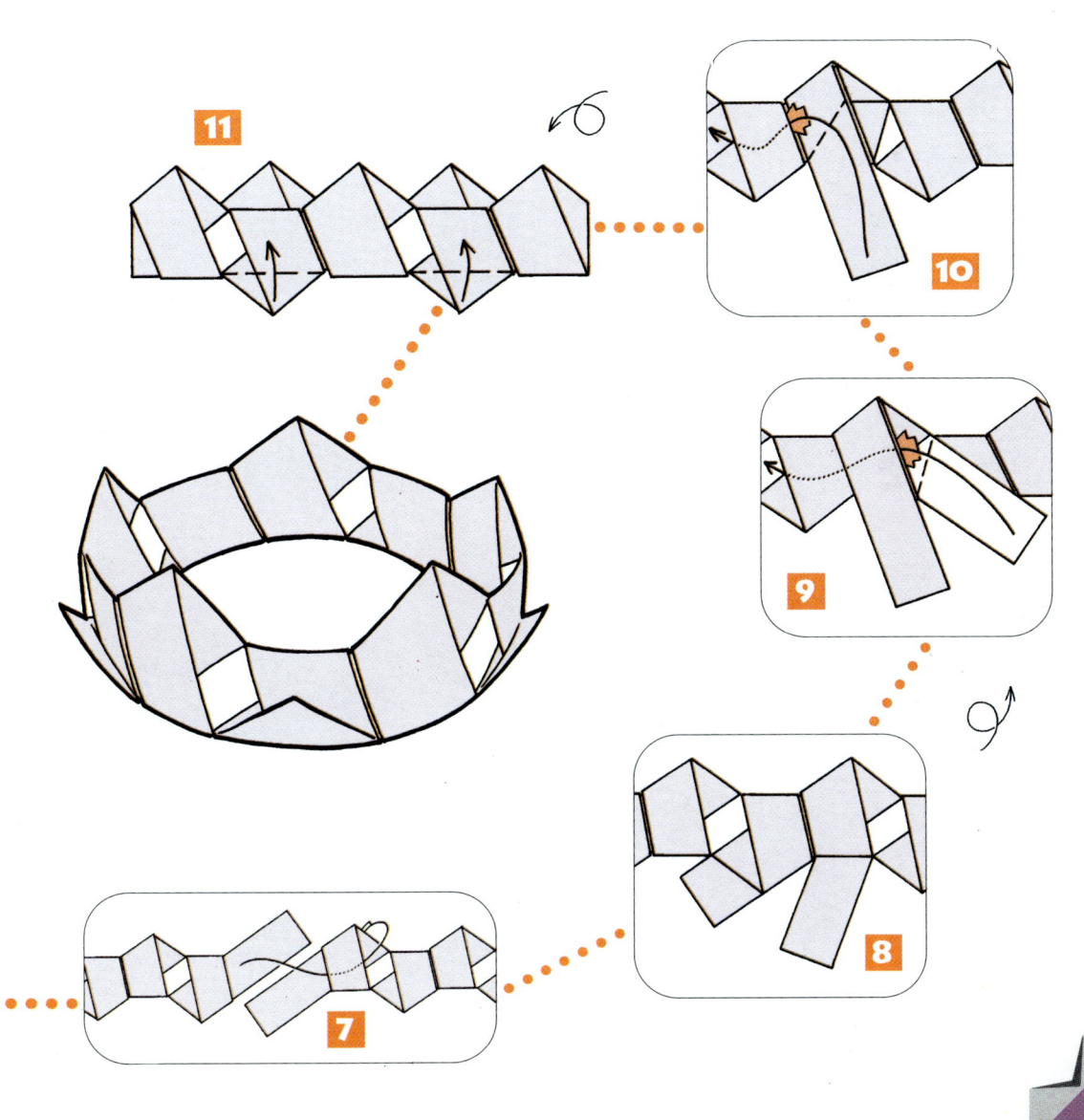

TEUFELCHEN

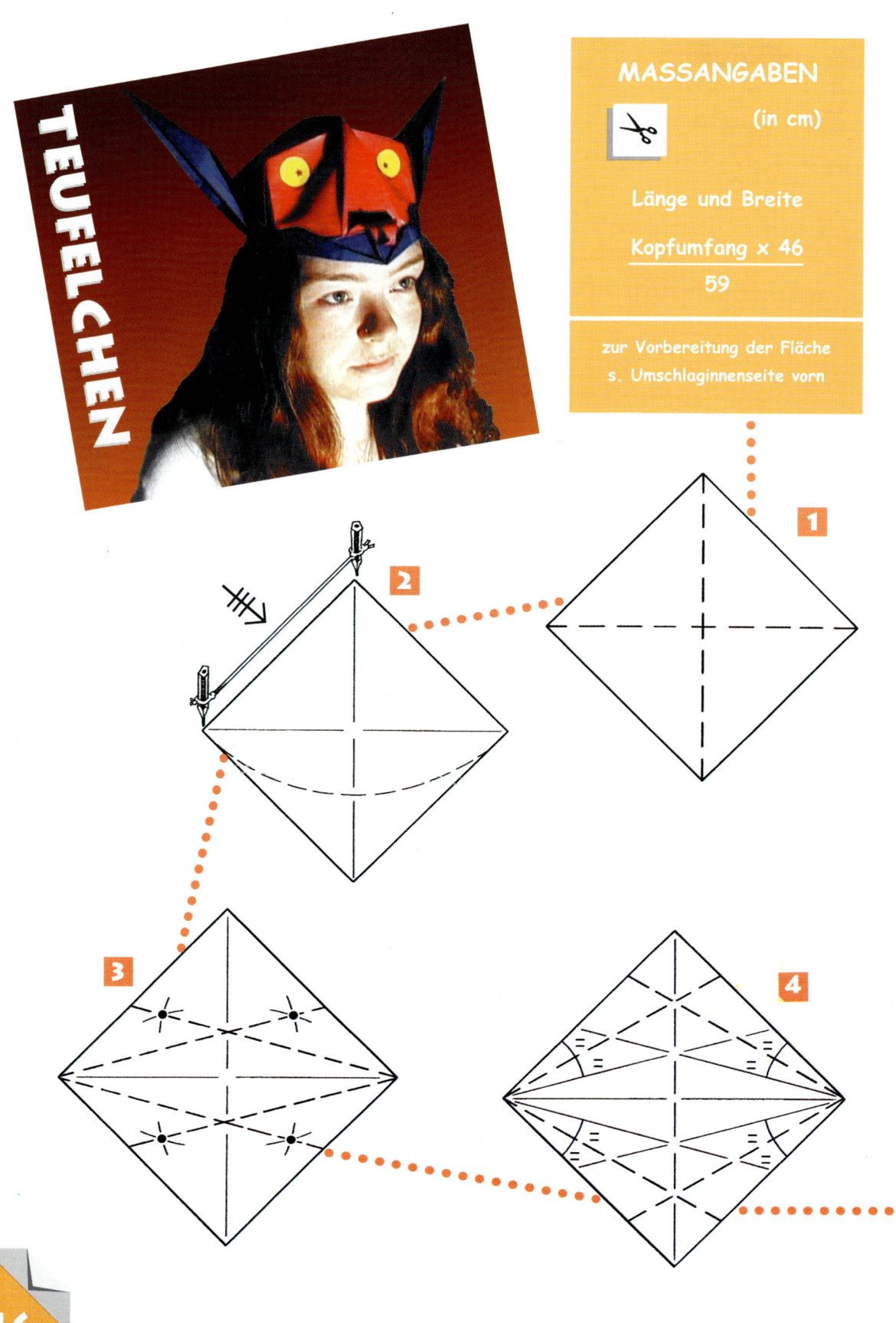

MASSANGABEN (in cm)

Länge und Breite
Kopfumfang x 46
―――――――――――
59

zur Vorbereitung der Fläche
s. Umschlaginnenseite vorn

Und hier der klassische Teufelshut, mit allem, was dazu gehört: einem Schwanz, spitzen Ohren und der rausgestreckten Zunge; ideal also, um die Ferien in der Hölle zu verbringen.

■ Am besten verwendet man hier zweifarbiges und - wenn möglich - festes Papier, damit die raffinierten Falten in den Schritten 14 und 15 stabil bleiben und gleichzeitig richtig zur Geltung kommen.

■ Die Grundlage ist eine Variante der klassischen Grundform „Fisch".

■ Die Schritte 12 und 13 sind die kompliziertesten und können nur mit aufmerksamen Augen und gefühlvollen Händen gemacht werden.

■ Sind zu Anfang die Maße nicht richtig genommen worden, dann hängen am Ende die Ohren so runter, dass man meint, sie bräuchten Vitamine. Und ist der Hut zu klein, dann fehlen die vorgesehenen Wölbungen.

■ Wenn man will, kann man dem Hut noch zwei runde Augen aufkleben, die ihn bestimmt noch lebendiger wirken lassen.

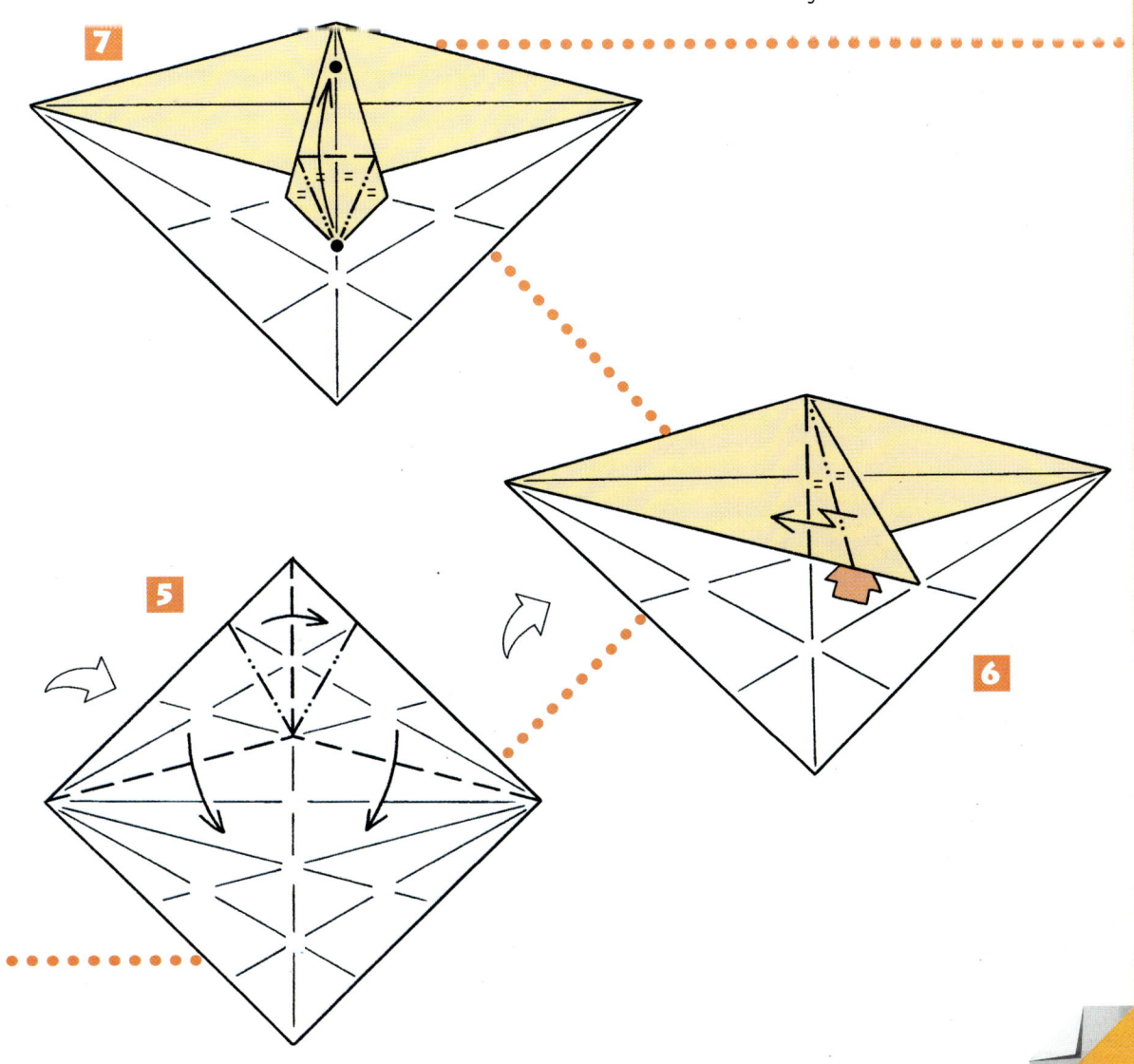

8

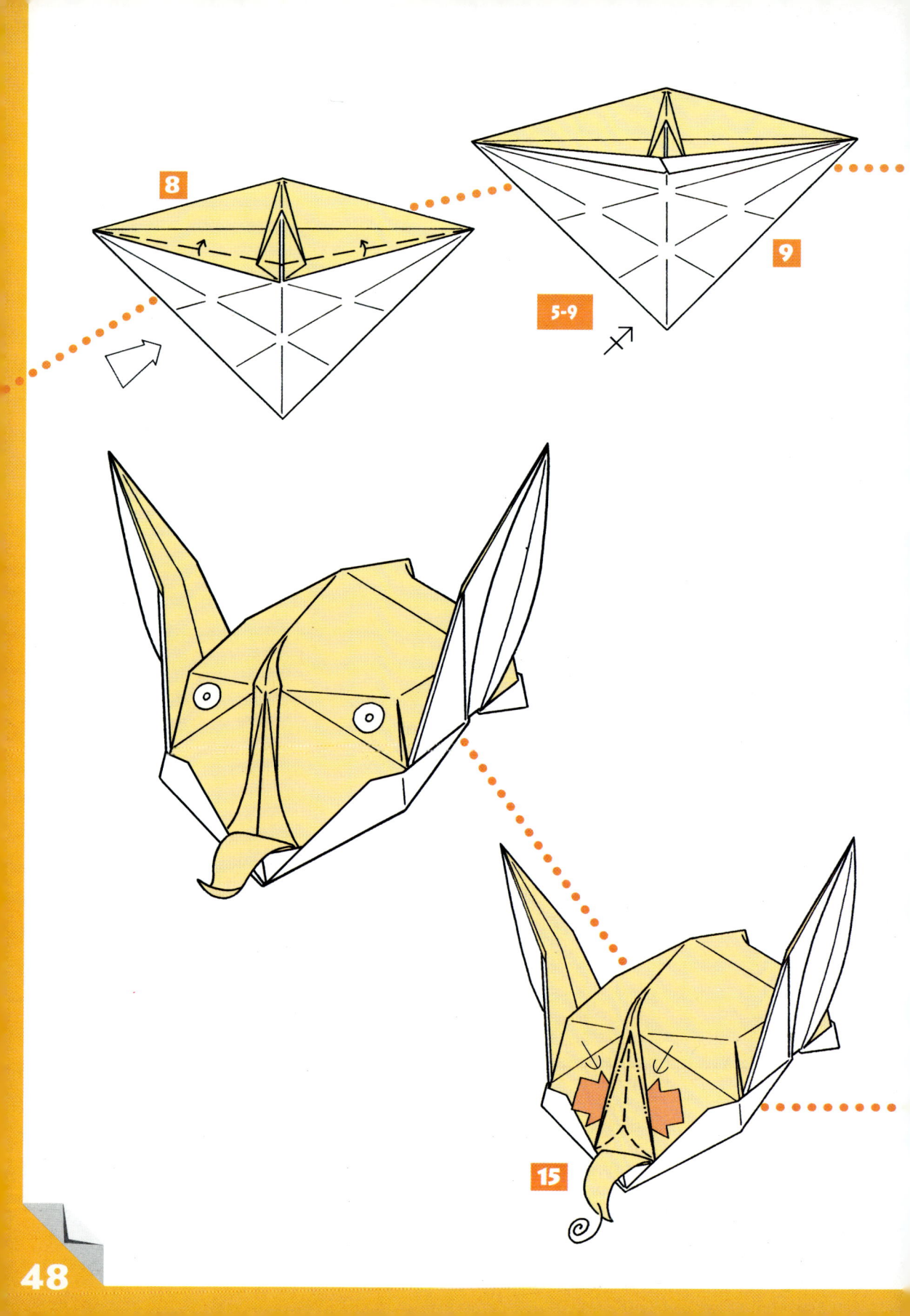

9

5-9

15

48

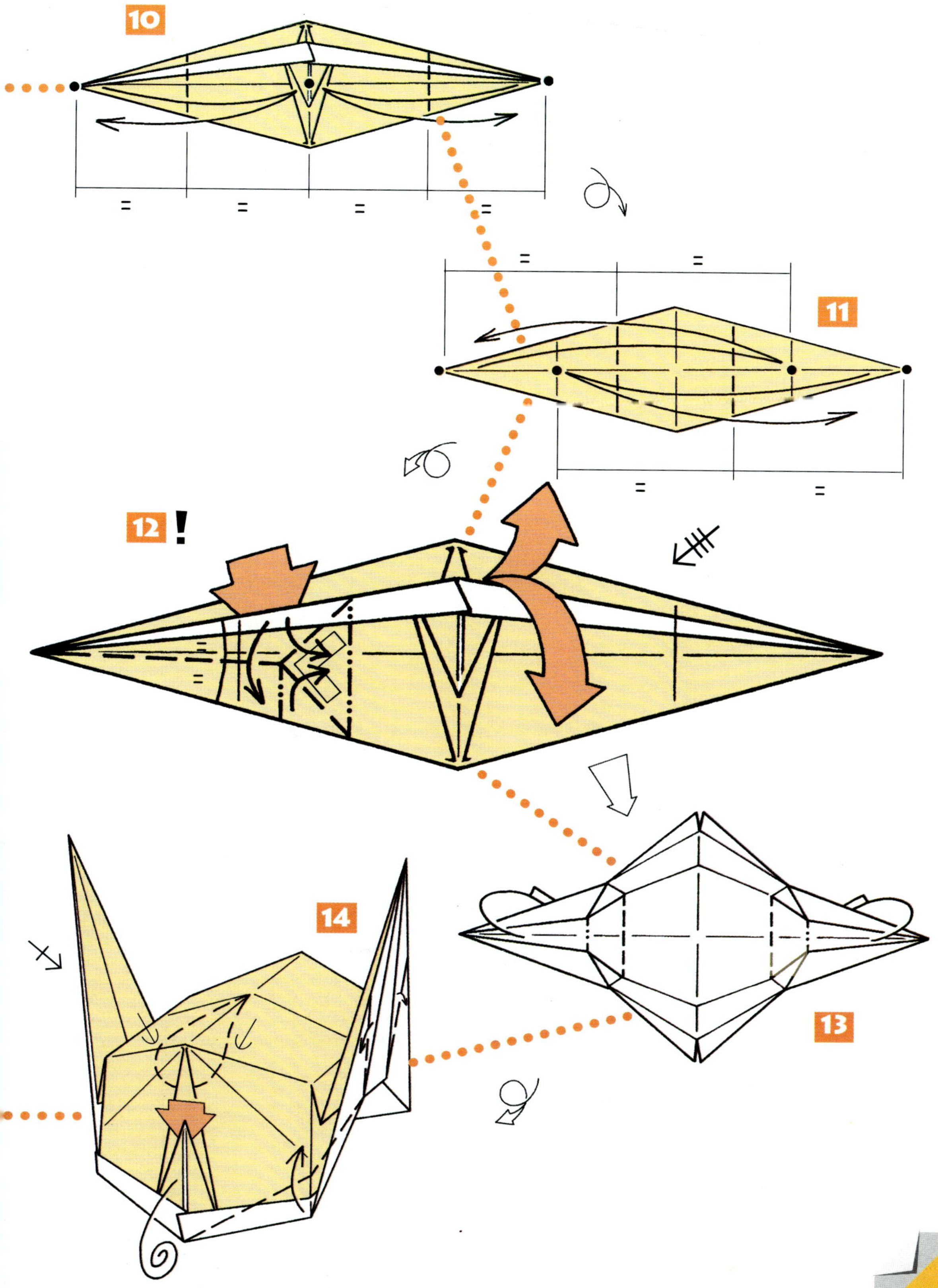
10
=
=
=
=
11
=
=
=
=
12 !
=
=
13
14

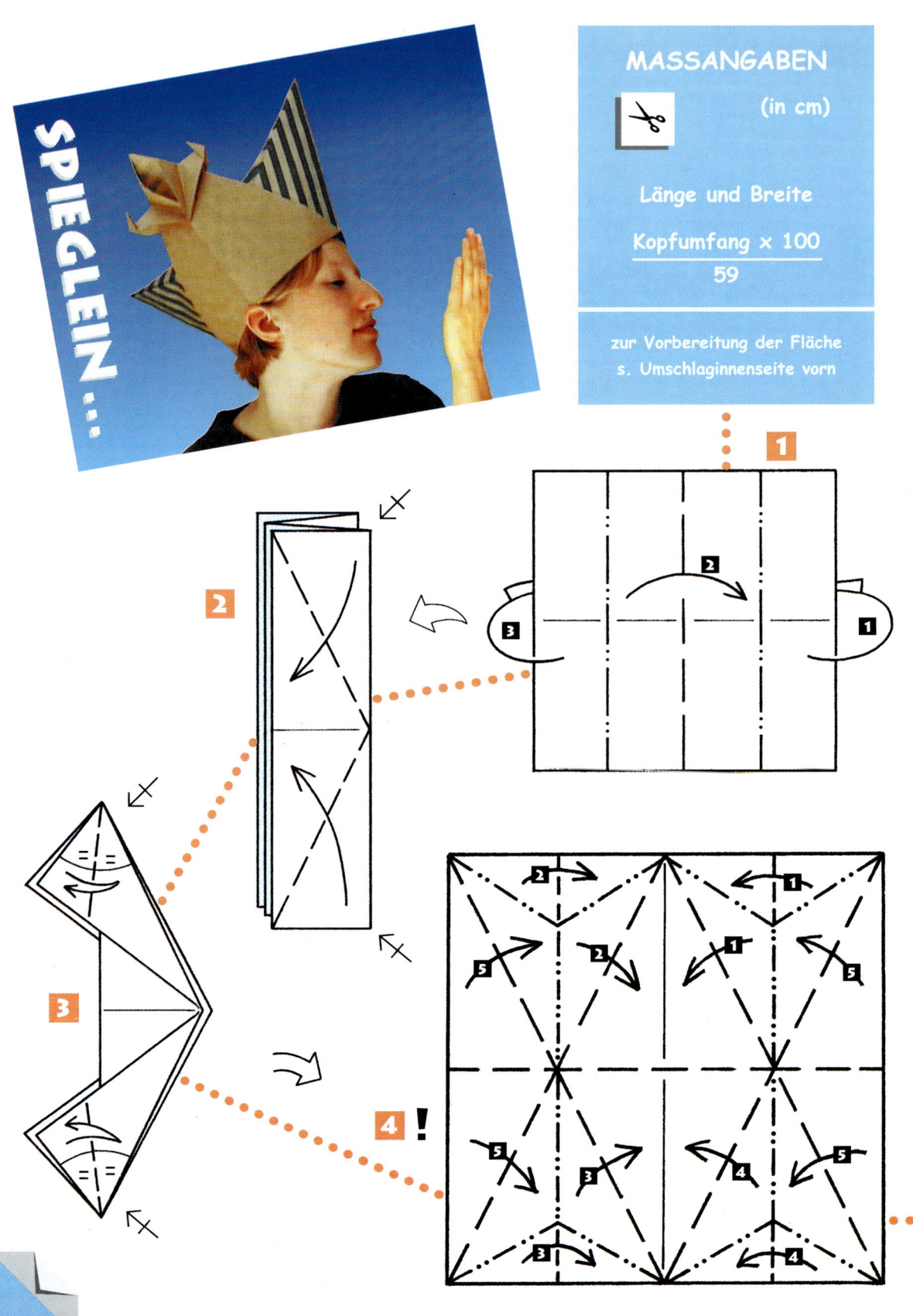

SPIEGLEIN...

MASSANGABEN (in cm)

Länge und Breite

$$\frac{\text{Kopfumfang} \times 100}{59}$$

zur Vorbereitung der Fläche
s. Umschlaginnenseite vorn

50

Auch wenn die Stiefmutter von Schneewittchen vielleicht nicht genau diese Krone getragen hat, war sie dieser hier mit Sicherheit zum Verwechseln ähnlich. Man kann mit ihr in die Welt der Brüder Grimm eintauchen, vor den Spiegel treten und sagen: *„Spieglein, Spieglein an der Wand, wer ist die Schönste im ganzen Land?"* ...

■ Falten kann bei einer solchen Papiergrundfläche sehr ermüdend sein; verzweifeln sollte man aber nicht.

■ Wenn das Papier nicht allzu dick ist, können die Schritte 9 und 10 genauer vorgenommen werden.

■ Hier kann man gut zwei verschiedene Papiertypen miteinander kombinieren, egal ob einfaches Papier, bedrucktes oder beides zusammen.

■ Schritt 4 ist eigentlich erst bei Schritt 7 beendet. Es sieht schwierig aus, aber wenn man sich genau an die Reihenfolge hält, muss man das Papier nicht unnötig beanspruchen.

■ An der vorderen und der hinteren Seite ist die Hutöffnung ziemlich hart. Deshalb empfiehlt es sich, vor dem Aufsetzen den Rand mit den Fingern ein bisschen weicher zu machen, sonst läuft man Gefahr, dass der Hut an einem bestimmten Punkt im Umfang so spannt, dass er reißt. Ansonsten hat der Hut eine Breakdance-erprobte Stabilität.

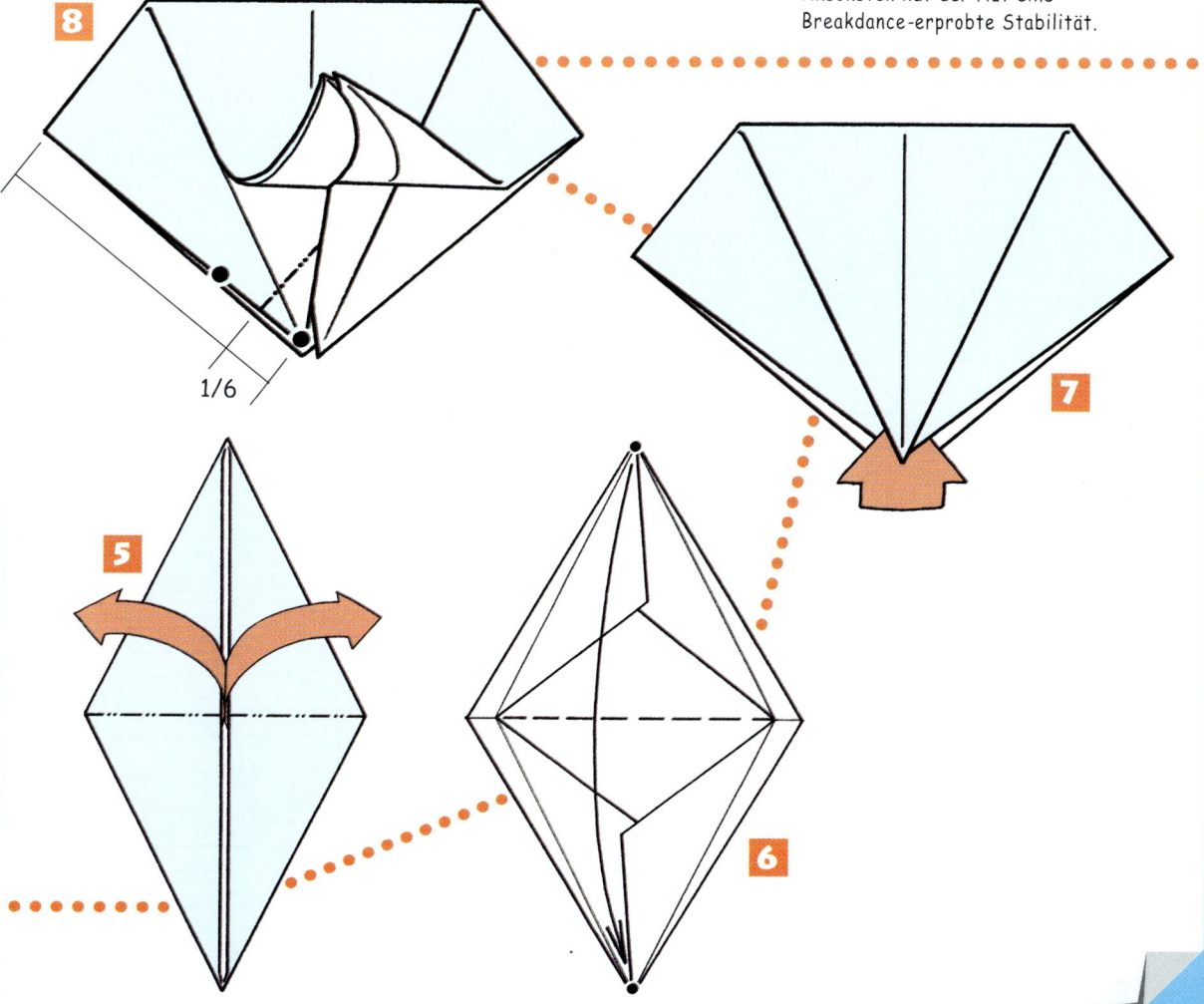

8

1/6

7

5

6

51

52

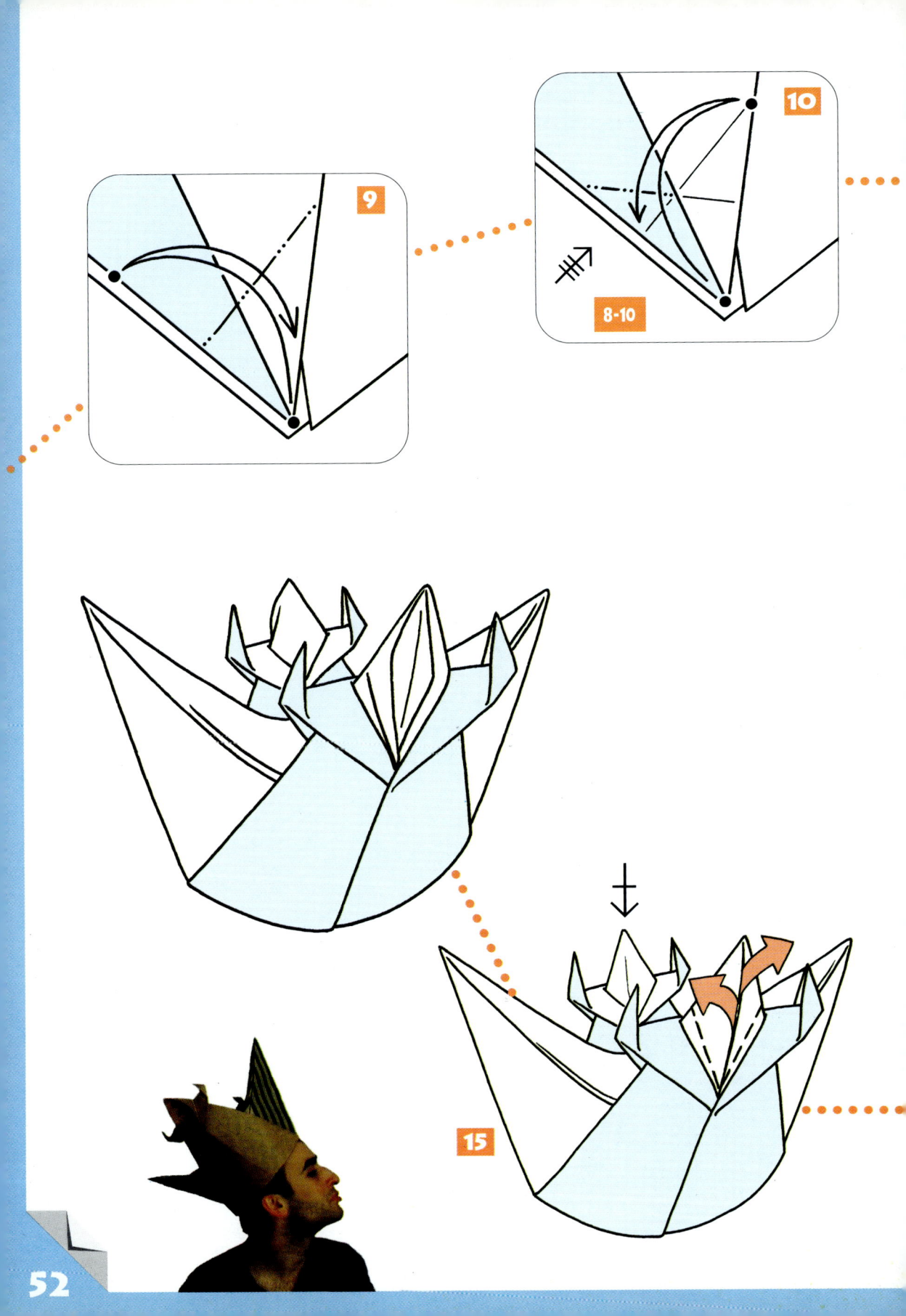

11

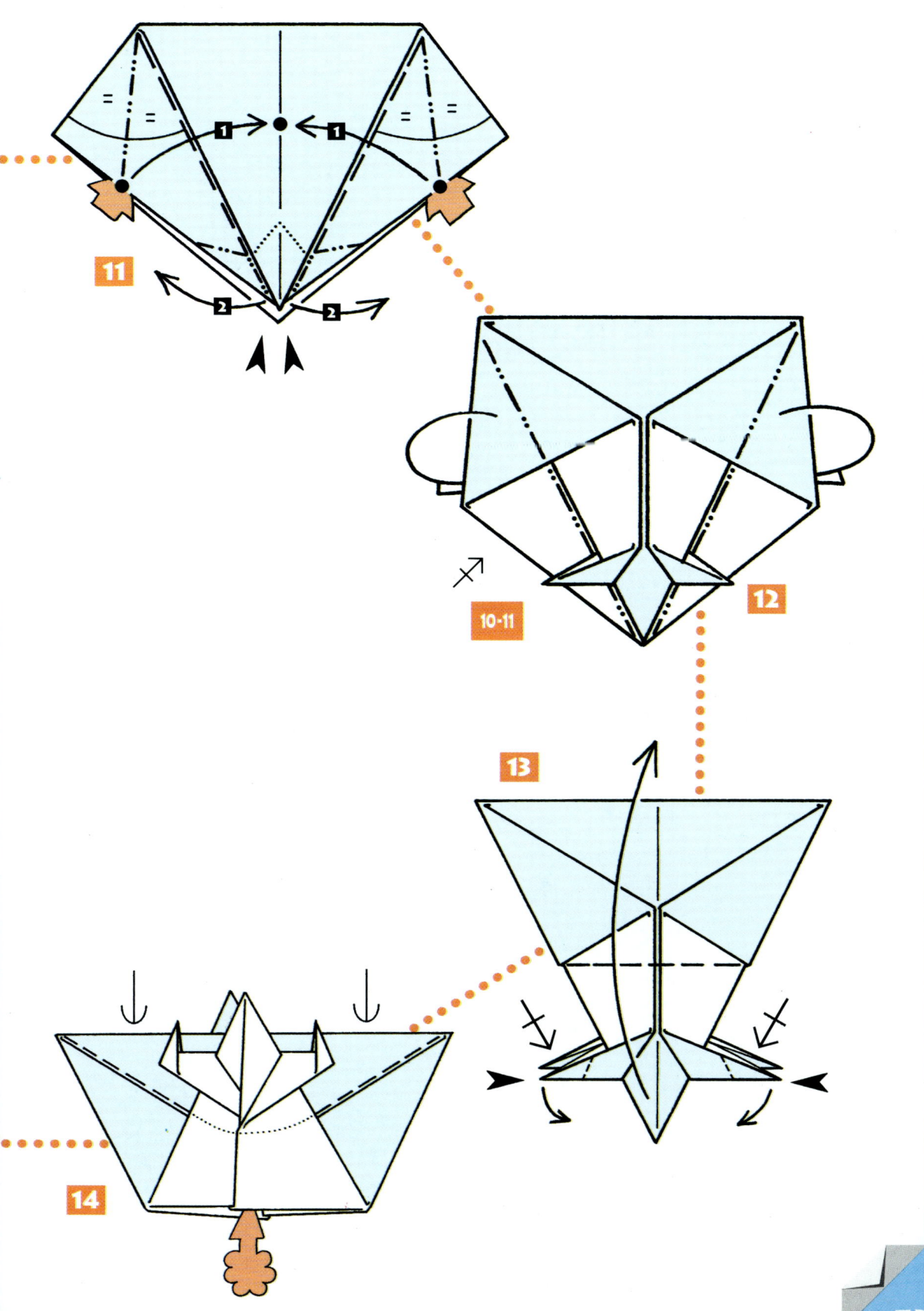

10-11

12

13

14

53

NARRENKRONE

MASSANGABEN (in cm)

Länge und Breite

$\dfrac{\text{Kopfumfang} \times 80}{59}$

zur Vorbereitung der Fläche
s. Umschlaginnenseite vorn

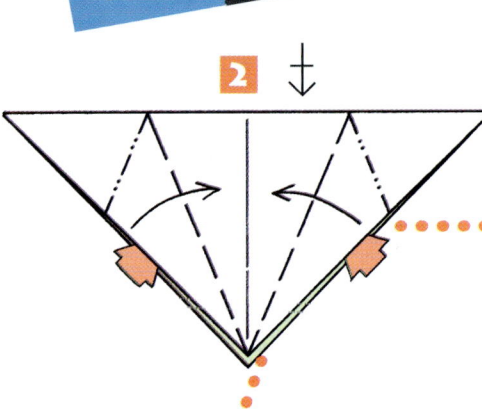

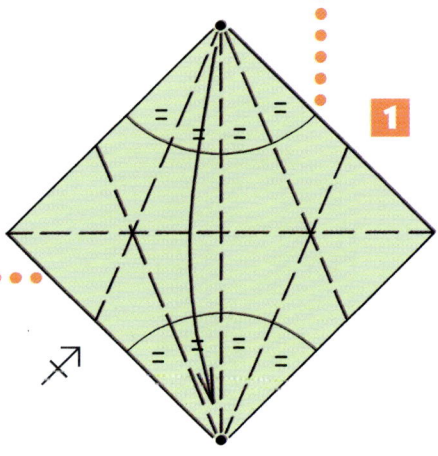

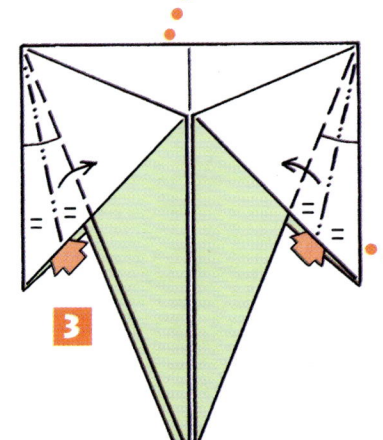

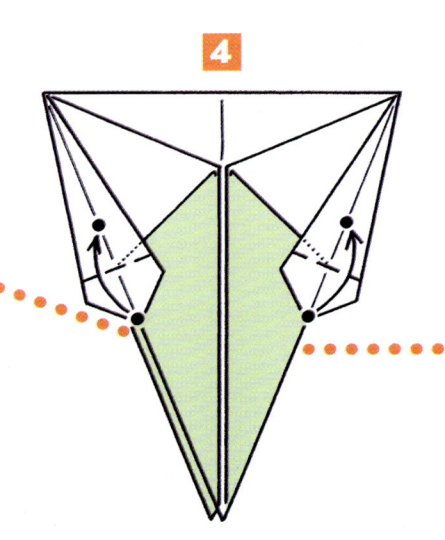

Bei dieser Krone habe ich mich von einer Grundfläche inspirieren lassen, die Lewis Simon für seinen Hut „russische Mütze" verwendet hat. Wie der Name schon sagt, kann man die Kopfbedeckung zu Fasnacht aufsetzen oder sie als Geburtstagskrone verwenden.

■ Dieses Modell basiert auf der Grundform „Fisch".

■ Die Einfachheit der Falten erlaubt es durchaus, eine oder auch zwei verschieden bedruckte Papierbögen zu benutzen, indem man beide zusammenklebt. Aber es macht auch großen Spaß, das Papier vor dem Falten selbst zu bemalen.

■ Schritt 7 ist eigentlich nur ein Vorschlag, der der Verschönerung dient.

■ Beim Aufsetzen gibt der Hut leicht nach; trotzdem sollte man diese Elastizität nicht überstrapazieren. Der Hut ist einfach gebaut und kann leicht auseinanderfallen, wenn man ihn zu fest auf den Kopf drückt.

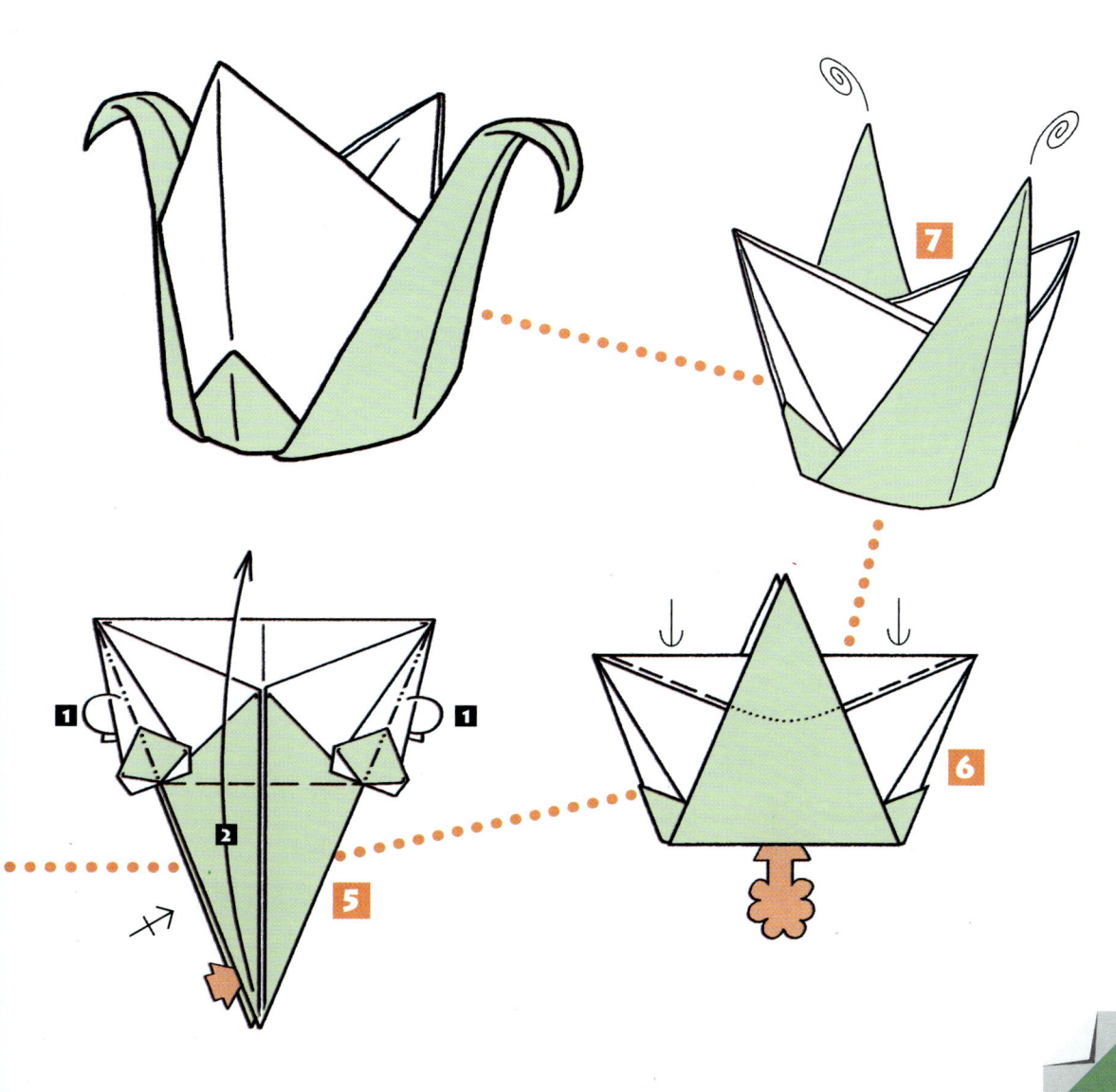

55

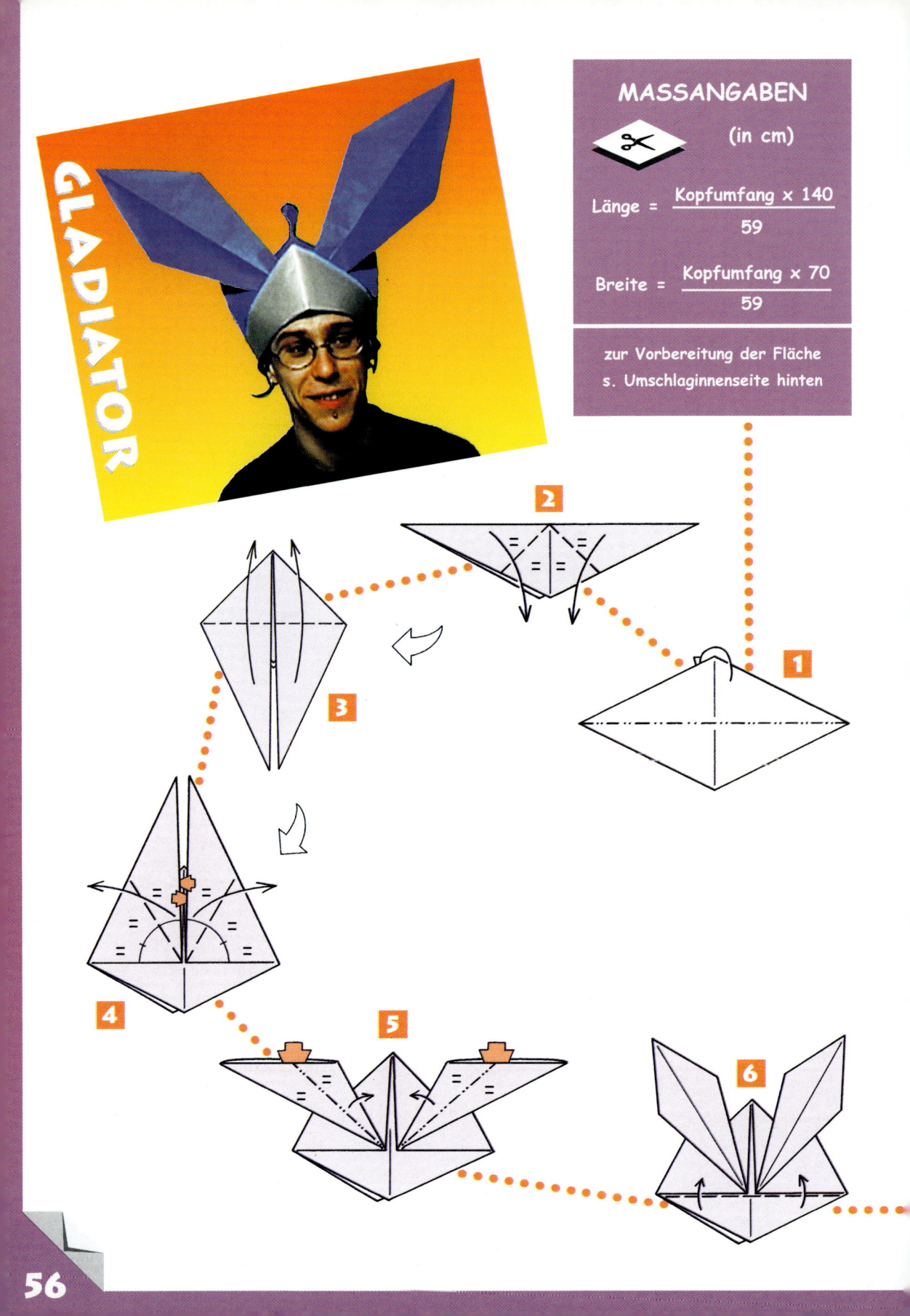

GLADIATOR

MASSANGABEN (in cm)

Länge = $\dfrac{\text{Kopfumfang} \times 140}{59}$

Breite = $\dfrac{\text{Kopfumfang} \times 70}{59}$

zur Vorbereitung der Fläche s. Umschlaginnenseite hinten

Die römischen Gladiatoren betrieben den Sport, der das gegenseitige Töten zum Ziel hatte, obwohl sie immer darauf achteten, sich nicht gegenseitig zu verletzen. Deshalb trugen sie Schutzhelme, die *galeae* genannt wurden und nicht nur zum Schutz dienten, sondern auch den Gegner mächtig beeindrucken sollten. Bei den ersten 4 Schritten bei diesem Helm habe ich mich vom Samuraihelm, dem *Kabuto*, inspirieren lassen.

■ Hier ist kein besonders kräftiges Papier nötig, da allein der Aufbau der Falten die vorderen Schwerter aufrecht erhält.

■ Das Modell hat keinen wirklich schwierigen oder komplizierten Schritt, aber die wichtigen Faltungen im 12. Schritt sollten nach Möglichkeit einen gewissen Stil haben.

■ Sollte der Hut am Ende trotz allem nicht gut sitzen, kann man im 8. Schritt den unteren Endpunkt der Falte verschieben.

■ Geht man die Schritte rückwärts bis zum 11. Schritt, lässt sich der Hut gut zusammenlegen, um ihn irgendwohin mitzunehmen.

■ Er sollte wie auf dem Foto getragen werden, aber man kann ihn auch von der anderen Seite aufsetzen (auch wenn man dann eher wie ein galaktischer Esel aussieht).

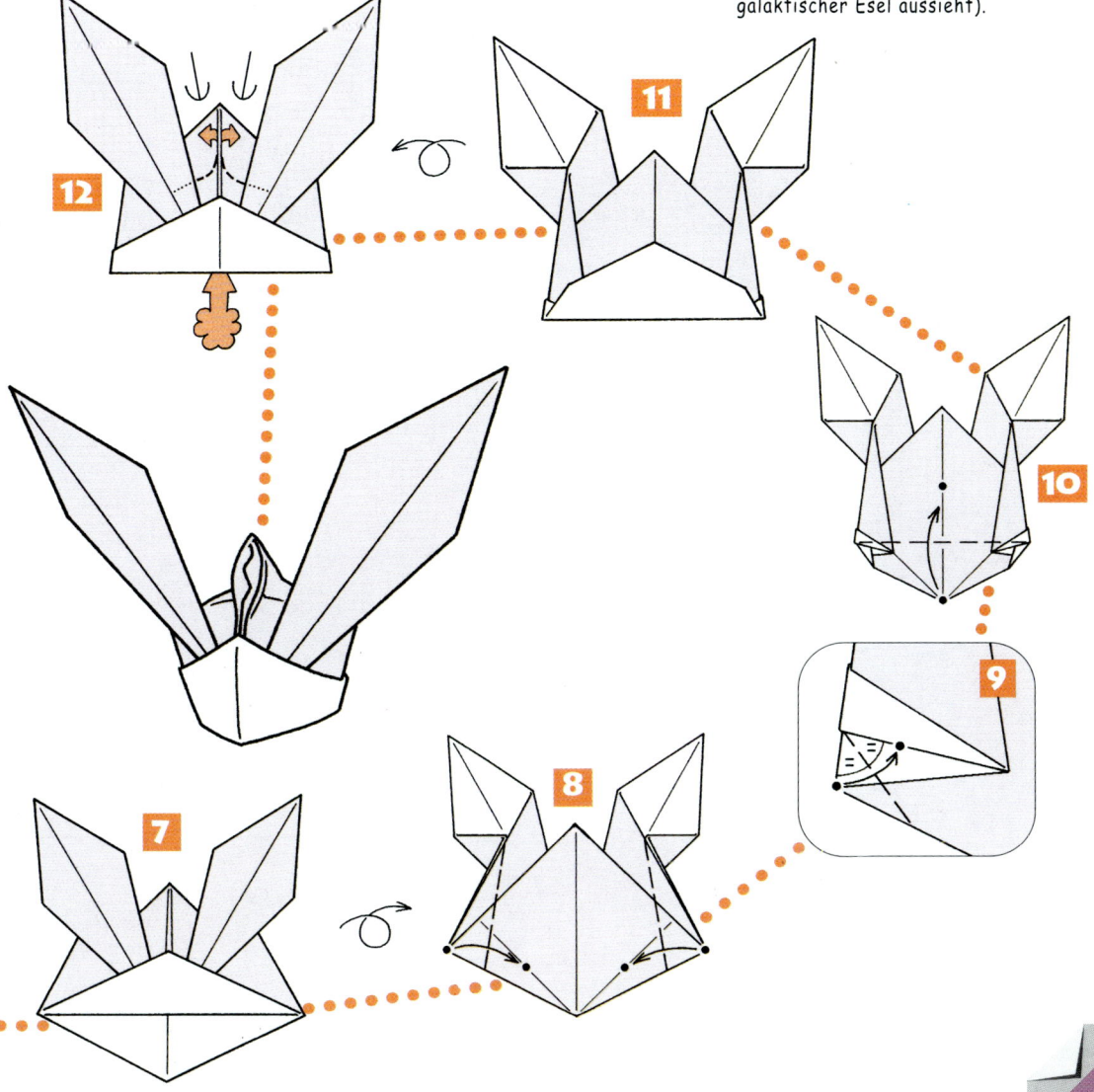

MOSCHUSOCHSE

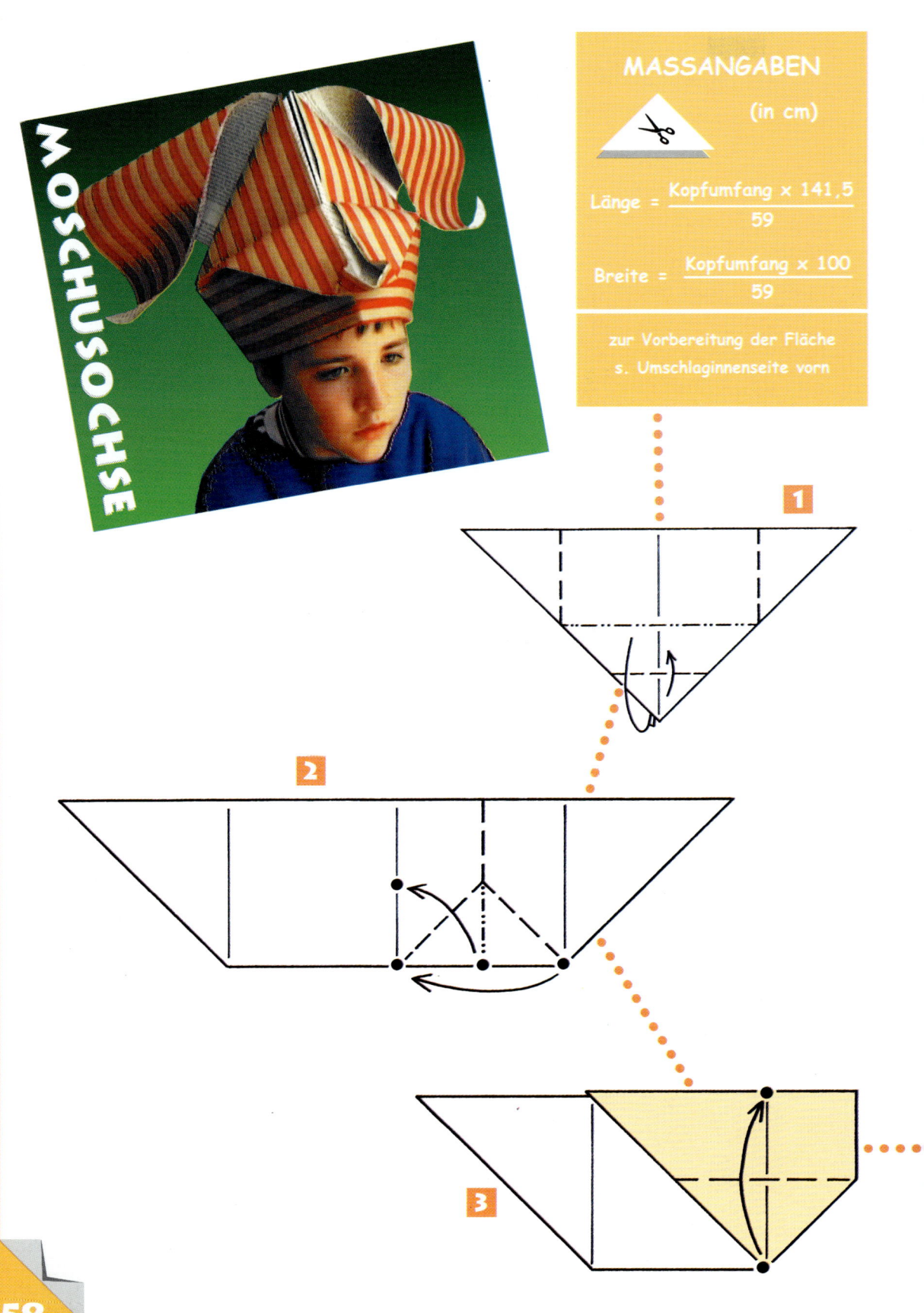

MASSANGABEN (in cm)

$$\text{Länge} = \frac{\text{Kopfumfang} \times 141{,}5}{59}$$

$$\text{Breite} = \frac{\text{Kopfumfang} \times 100}{59}$$

zur Vorbereitung der Fläche
s. Umschlaginnenseite vorn

Wie bei anderen Hüten in diesem Buch, bestimmen hier die 45-, 90- und 180-Grad-Winkel die Faltung. Am Ende der Edo-Zeit in Japan entstanden die Faltungen in einem 22,5-Grad-Winkel, aus denen sich die Grundformen *Vogel* und *Frosch* entwickelten. Wenn man diesen Hut aufsetzt und ganz langsam mit dem Kopf nickt, wird das Geweih, wie von einer Feder angetrieben, eine Anmut haben, die jede Kuh betört.

■ Das Papier sollte etwas dicker und gleichzeitig biegsam sein, damit sich der oben genannte Effekt einstellt.

■ Um eine bessere Haftung am Kopfumfang zu erreichen, kann man die Falten vom 10. und 11. Schritt weiter nach innen oder nach außen verschieben.

■ Wenn man will, kann man auch ein paar Augen aufmalen; aber sie sollten nicht zu groß sein, sonst sieht man vielleicht eher wie ein Moschusfrosch aus.

■ Bleibt man beim 13. Schritt stehen, ohne die Spitzen zu kräuseln, sieht der Hut wie ein Fischschwanz aus.

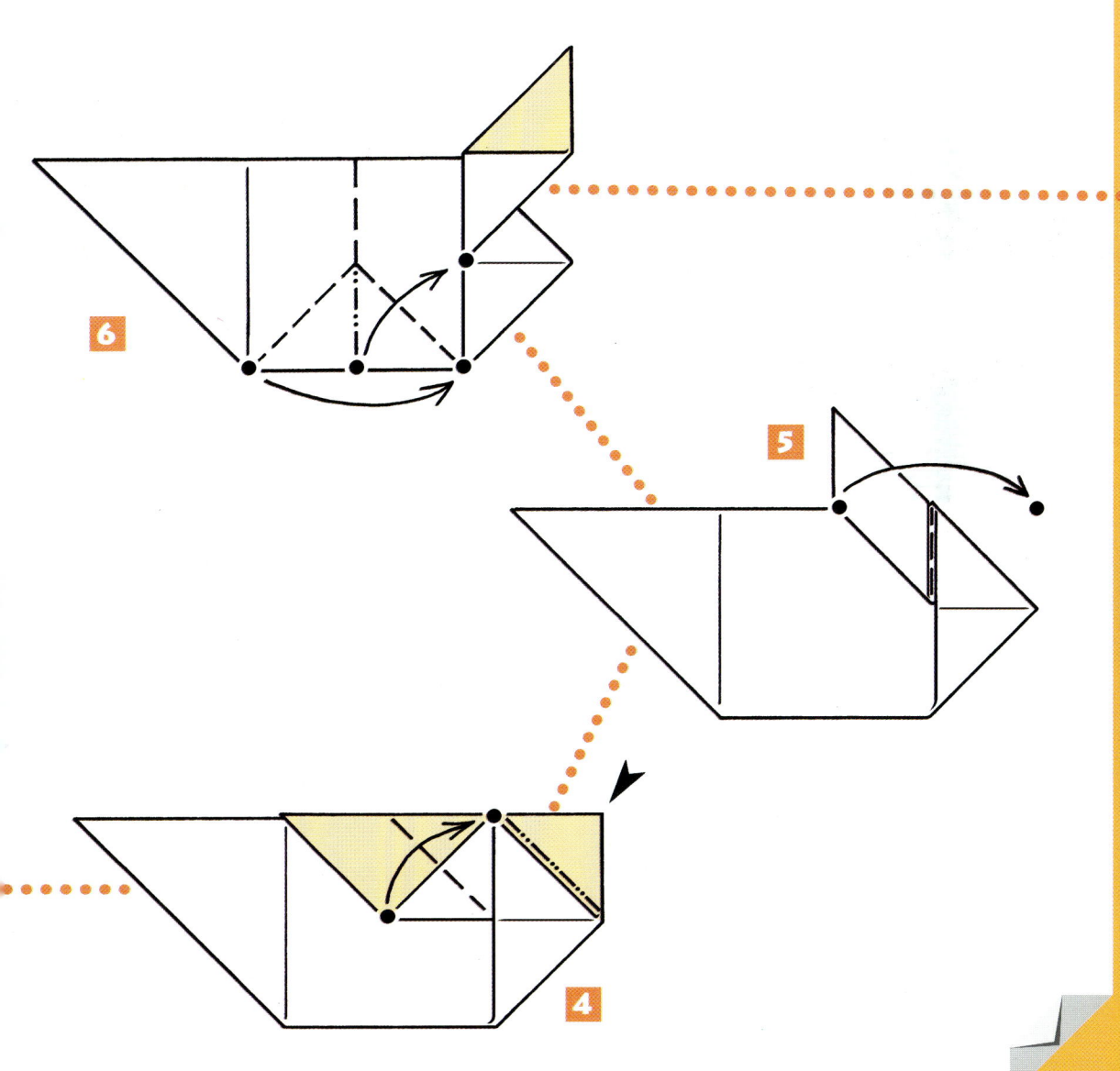

60

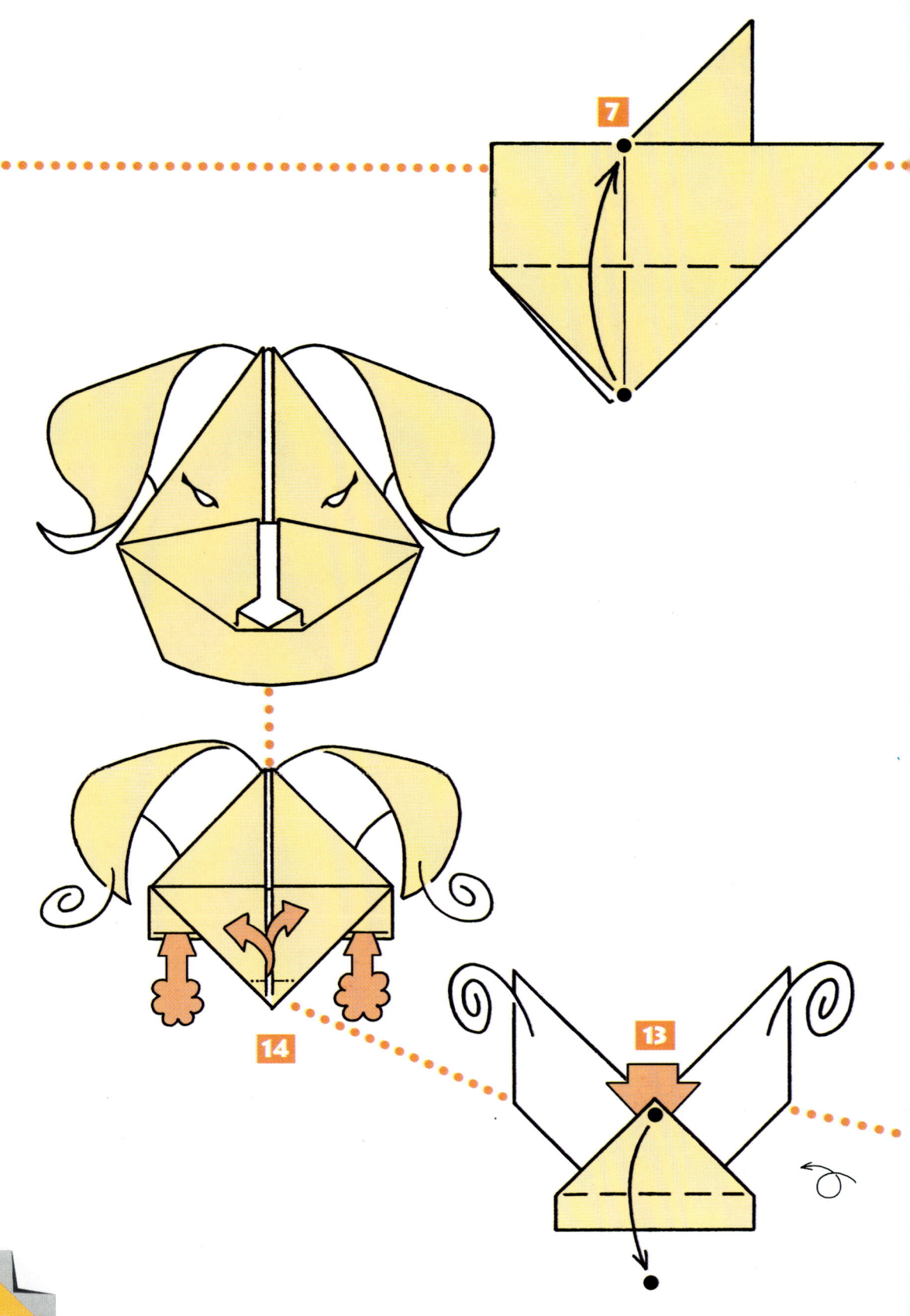

8

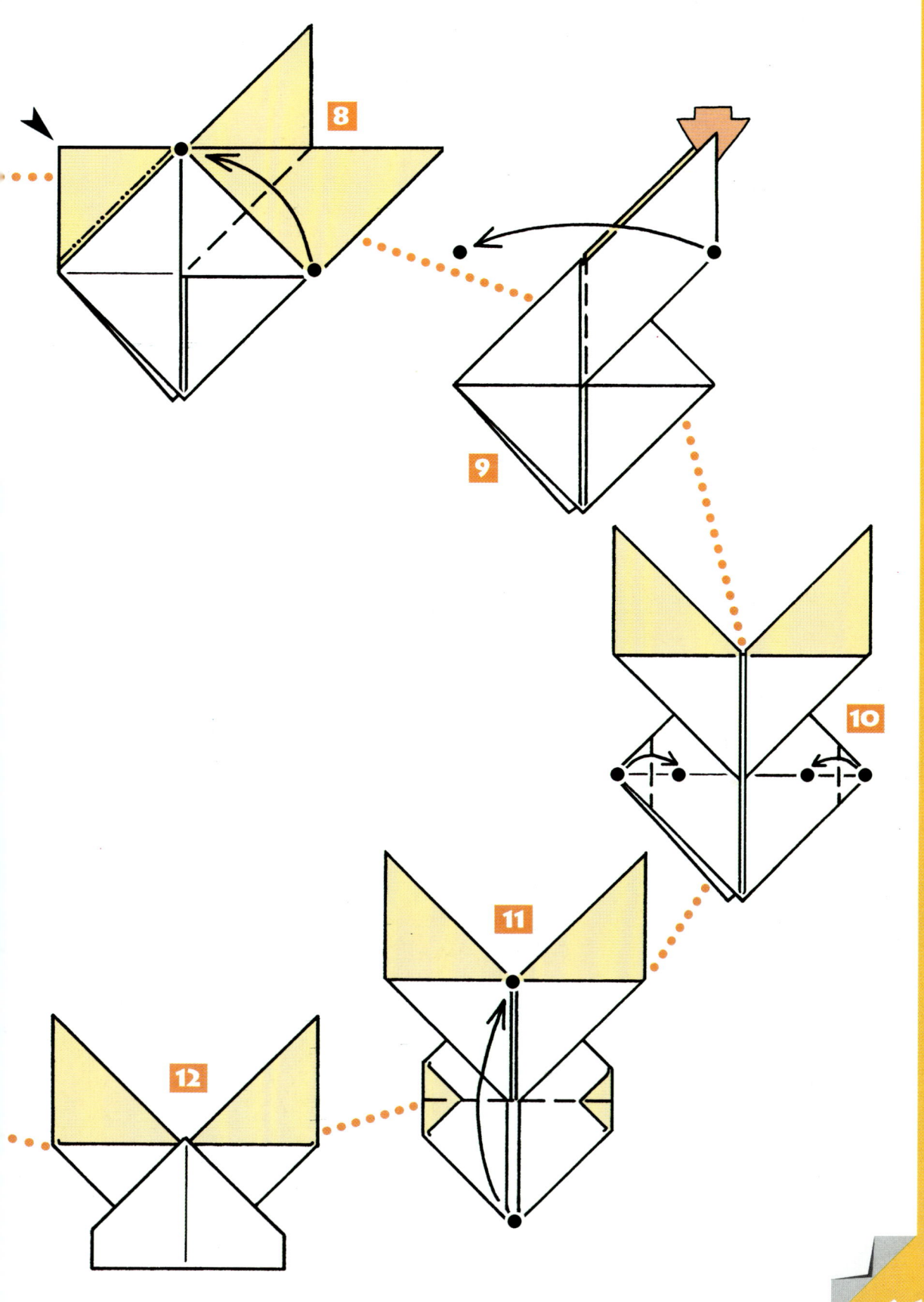

9

10

11

12

KASPERLE

MASSANGABEN
(in cm)

$$\text{Länge} = \frac{\text{Kopfumfang} \times 130}{59}$$

$$\text{Breite} = \frac{\text{Kopfumfang} \times 65}{59}$$

zur Vorbereitung der Fläche
s. Umschlaginnenseite vorn

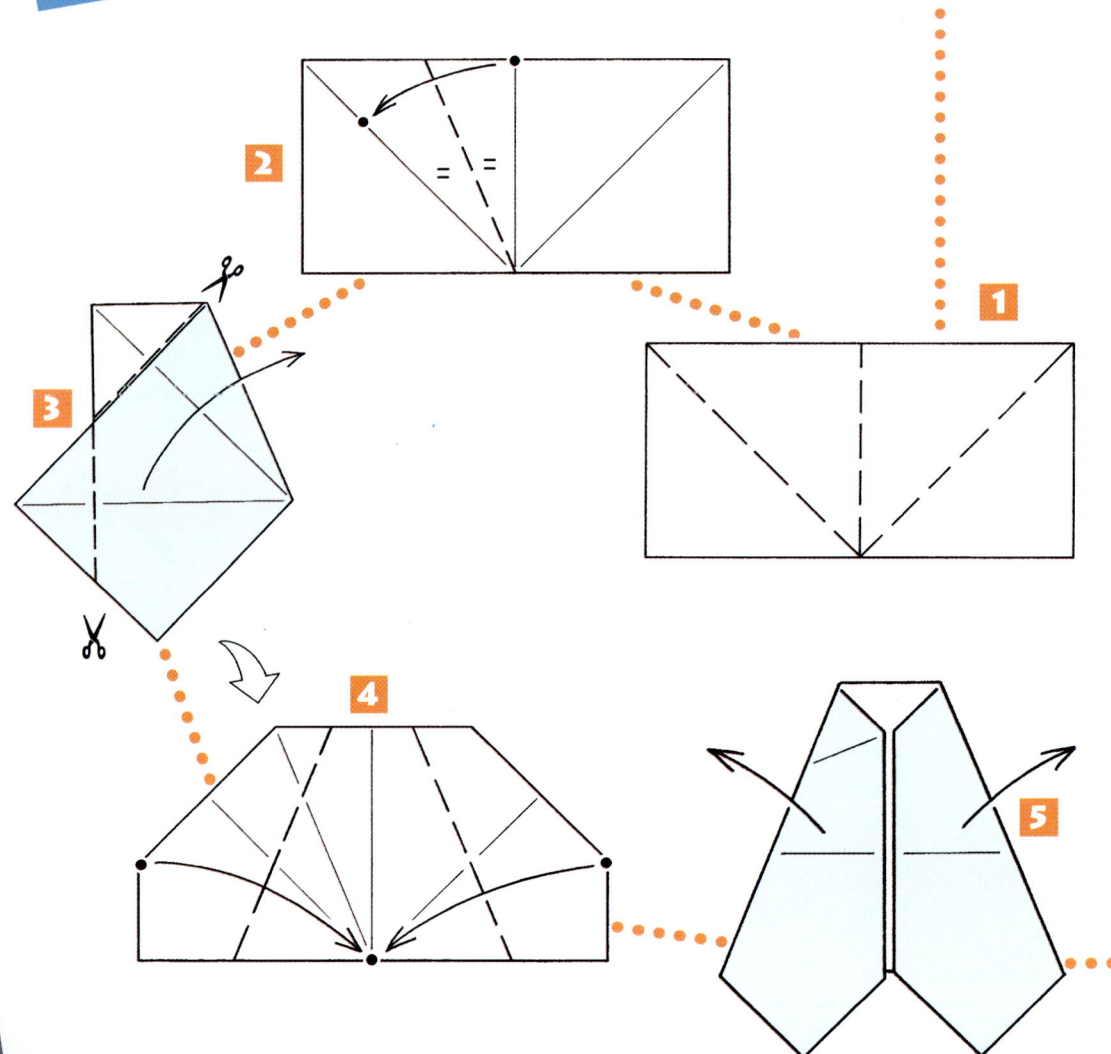

62

Mit diesem Hut kann man den Kasper spielen, aber wenn man ein auf beiden Seiten schwarzes Papier wählt, kann man auch den Songoku aus Dragon Ball darstellen.

■ Ausgehend von einem doppelten Quadrat, wird die Grundfläche im 4. Schritt zu einem Vieleck. Wer diese Grundfläche nicht als solche akzeptieren kann, weil er oder sie keine Schere benutzen möchte, kann auch beide im 3. Schritt gekennzeichneten Spitzen nach hinten knicken, statt sie abzuschneiden. Das Ergebnis ist das gleiche, nur eben ein klein wenig dicker.

■ Sollte das Papier dick sein, werden die dekorativen Faltungen in den Schritten 16 bis 19 schwieriger sein.

■ Der 17. Schritt weist eine besondere Dicke auf; am besten ist es, hier die Angst abzulegen, ohne dabei die Ehrfurcht zu verlieren.

■ Besonders schön sieht dieser Hut von vorn aus, aber man kann ihn natürlich auch andersherum tragen.

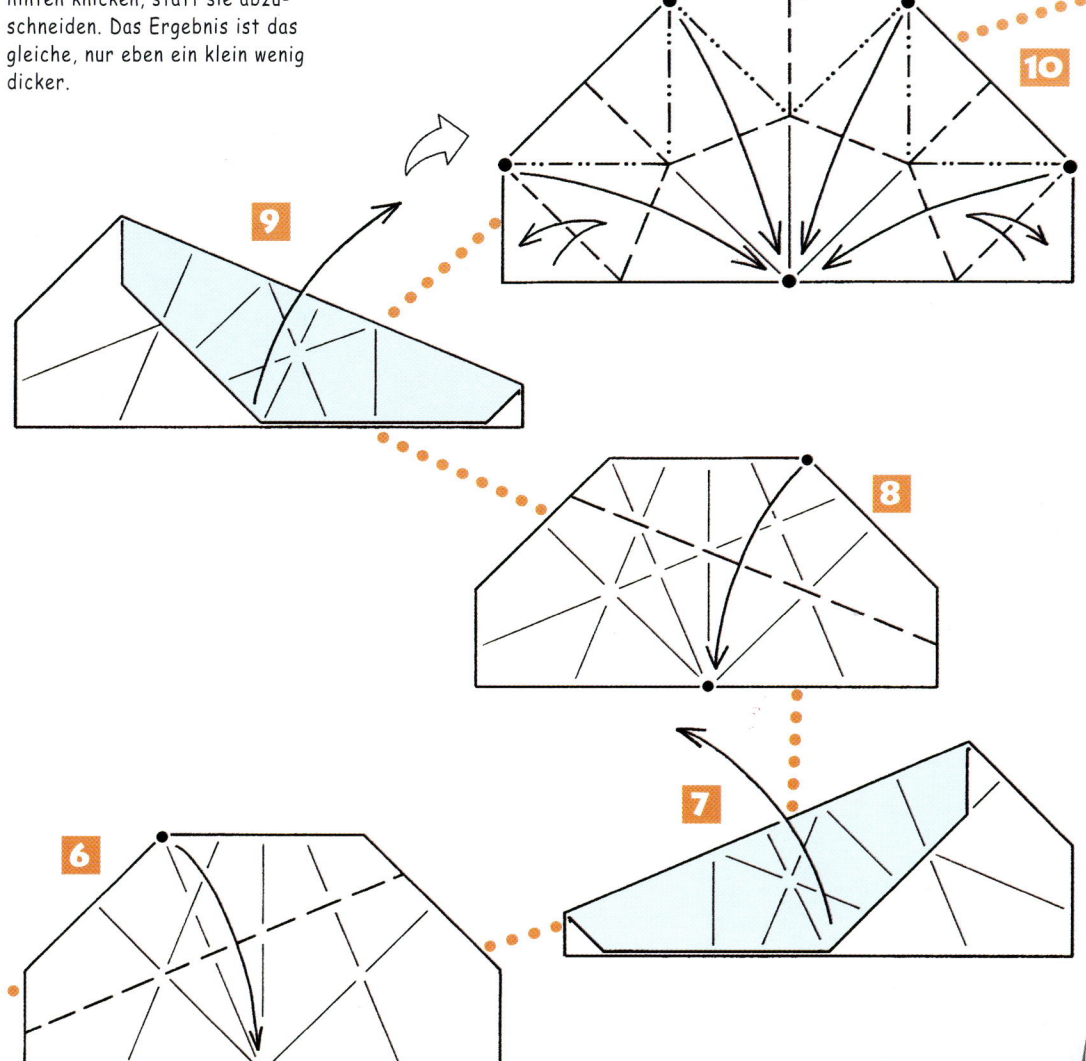

63

64

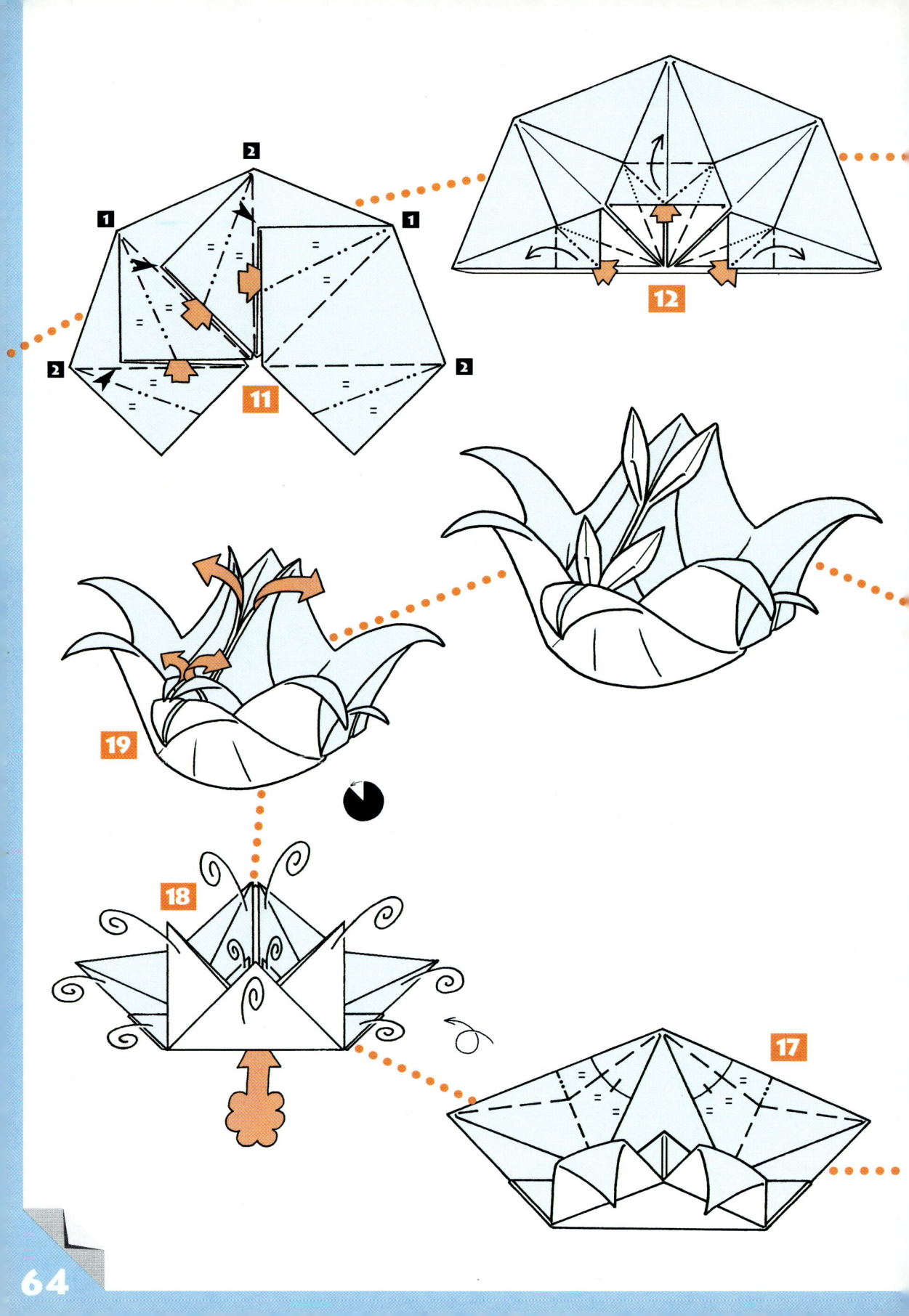

13

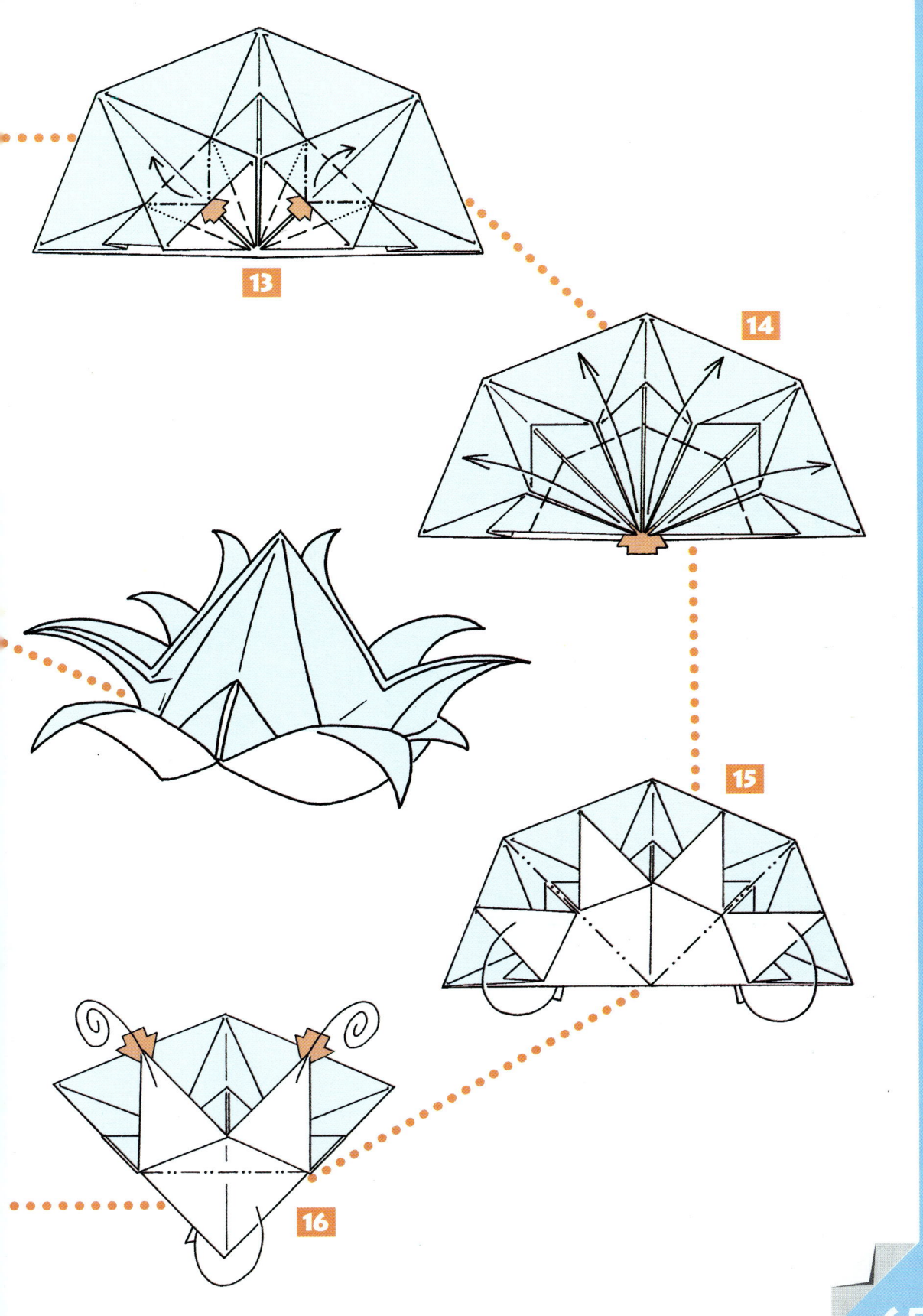

14

15

16

65

MON CHERI

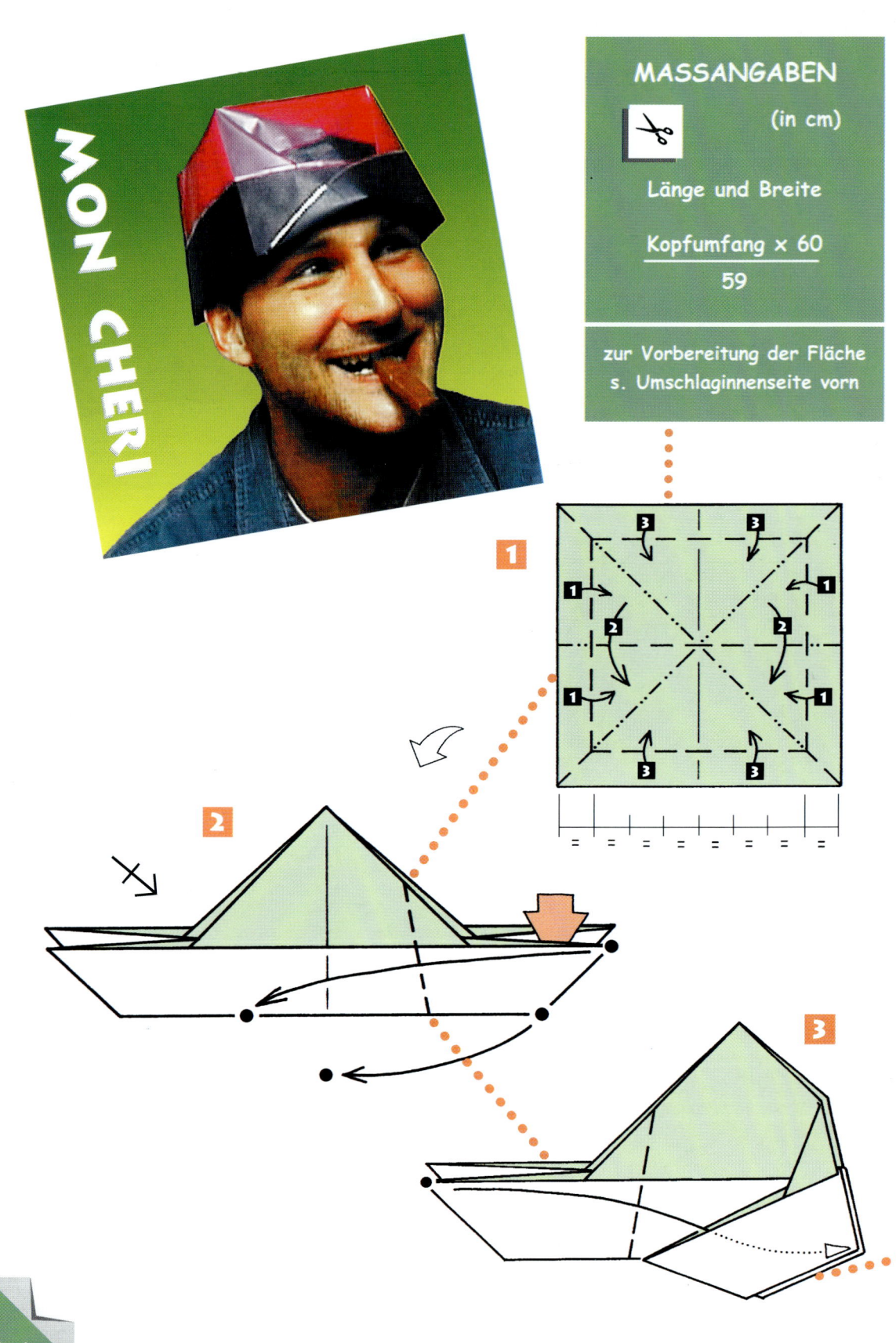

MASSANGABEN (in cm)

Länge und Breite

$$\frac{\text{Kopfumfang} \times 60}{59}$$

zur Vorbereitung der Fläche s. Umschlaginnenseite vorn

1

2

3

Dieser Hut ist nicht nur einfach, sondern auch sehr süß; ideal also, um dabei eine Praline zu mampfen. Ist das Papier hellgrün, kann man als Chirurg gehen, und wenn man weißes Papier wählt, kann man damit sogar Wände streichen.

■ Faltet man den Hut mit Glanzpapier oder mit beschichtetem Papier, kann man eine bekannte Praline darstellen.

■ Der Hut ist nicht schwer zu machen, aber man sollte genau auf die Schritte 1 und 2 achten: es gibt Talfalten, die zu Bergfalten werden, und umgekehrt.

■ Im 4. Schritt ist es angebracht, die oberen Kanten weder zu falten noch nachzuziehen, damit die schöne abgerundete Form erhalten bleibt.

■ Der Hut sitzt gut und bequem, aber man kann die Grundfläche auch 10% kleiner zuschneiden, als es die Berechnungen der Formeln ergeben. So wirkt der Hut eher wie eine Mütze. In jedem Fall sieht er von vorn besonders schön aus, weil man da die überkreuzten Falten sehen kann.

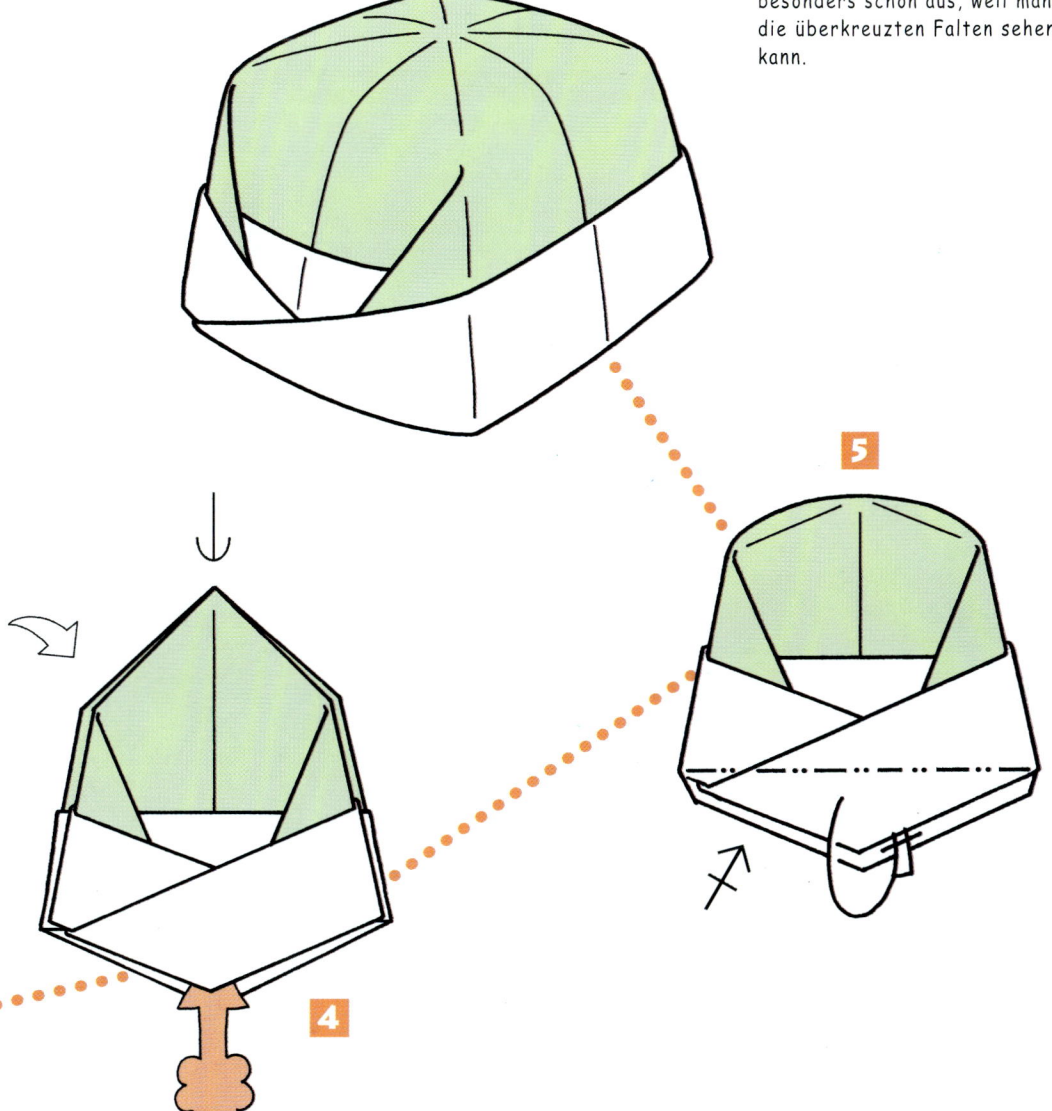

4

5

67

TANTE

MASSANGABEN

(in cm)

Länge und Breite

$$\frac{\text{Kopfumfang} \times 50}{59}$$

zur Vorbereitung der Fläche
s. Umschlaginnenseite hinten

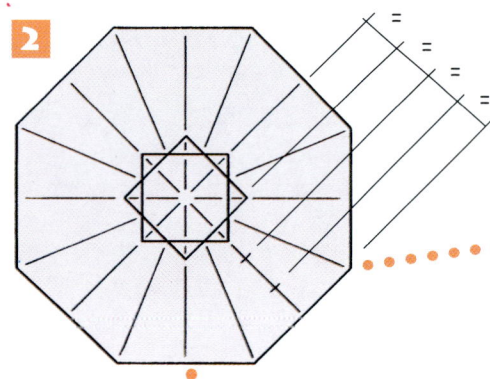

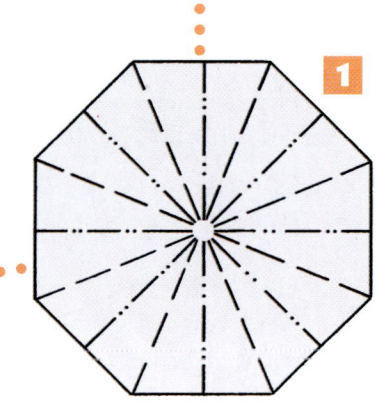

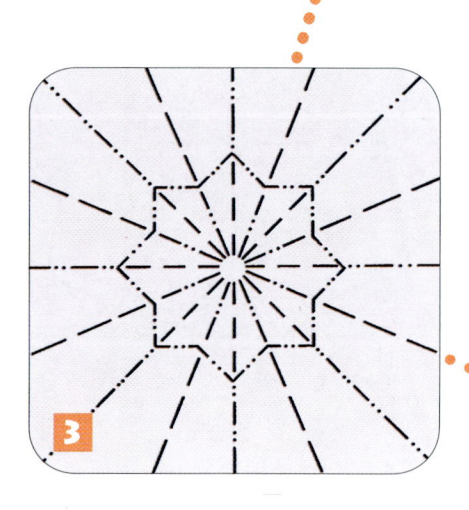

Wenn man diesen Hut aufsetzt, der eigentlich wie eine Zitruspresse oder eine Kuchenform aussieht, kann man wunderbar Socken stricken, ganz bequem auf der Terrasse einen Liebesroman lesen oder mit dem Gemahl oder dem Hündchen spazieren gehen (s.*Onkel*,S.23).

■ Sollte jemand davon überzeugt sein, dass man beim Achteck zuviel zuschneidet und deshalb diese Form als Grundfläche beim Origami unzulässig ist, kann man auch alle 4 Ecken so umknicken, dass daraus ein Achteck entsteht.

■ Unbedrucktes bzw. dickeres Papier bringt die Wölbungen besser zum Vorschein; vorausgesetzt die Faltungen sind präzise gemacht und gut nachgezogen worden.

■ Bei der Schwierigkeit, die Faltung nach außen zu drehen, können beim 7. Schritt Büroklammern helfen.

■ Stabil wird der Hut, sobald er auf dem Kopf sitzt, aber wenn man die Grundfläche 20% kleiner zuschneidet, sitzt der Hut wie eine Mütze. Dabei hält das entstandene Vakuum die Mütze fest auf dem Hinterkopf.

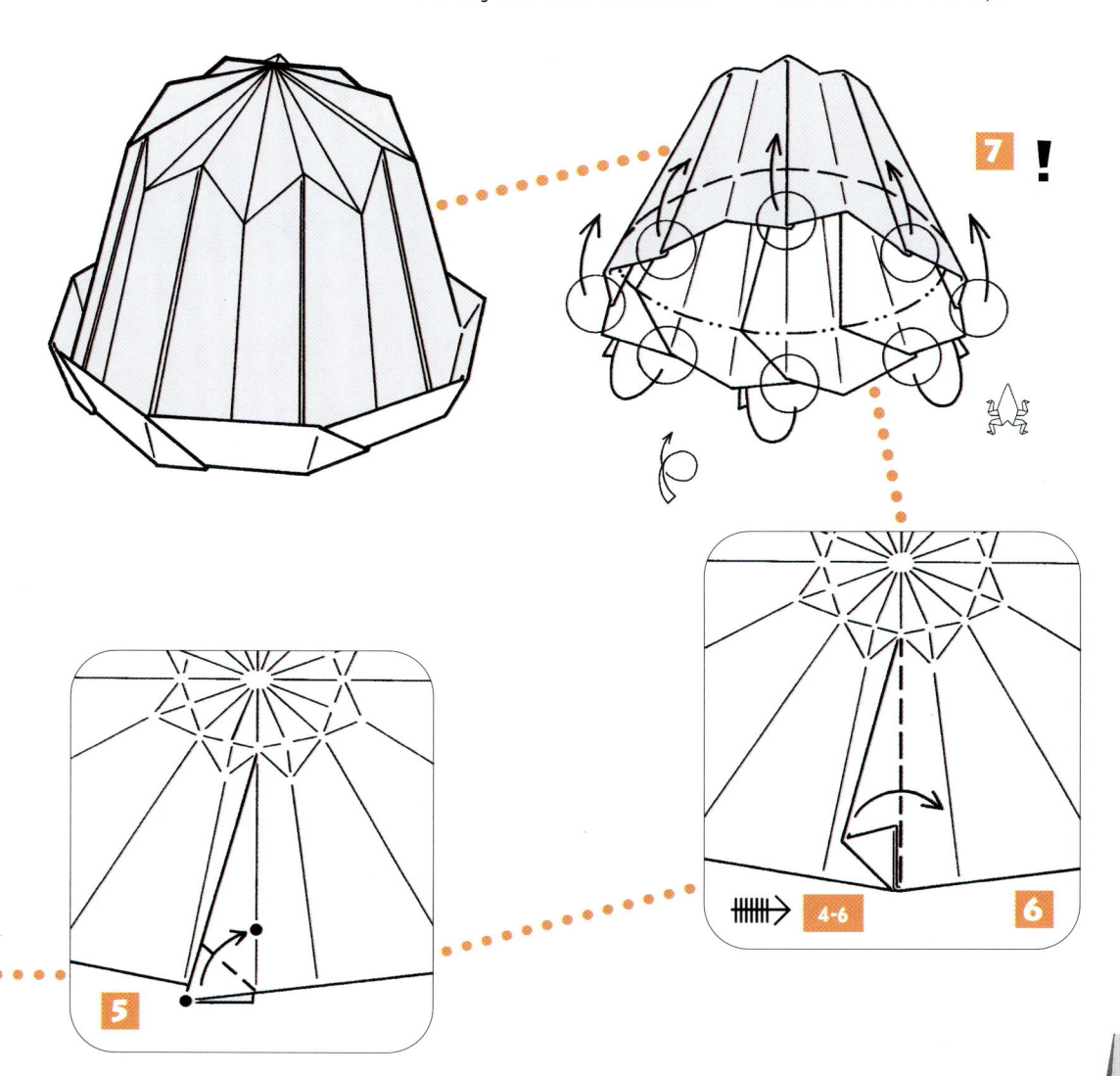

69

SPORTLER

MASSANGABEN
(in cm)

Länge = $\dfrac{\text{Kopfumfang} \times 70}{59}$

Breite = $\dfrac{\text{Kopfumfang} \times 46}{59}$

zur Vorbereitung der Fläche s. Umschlaginnenseite vorn

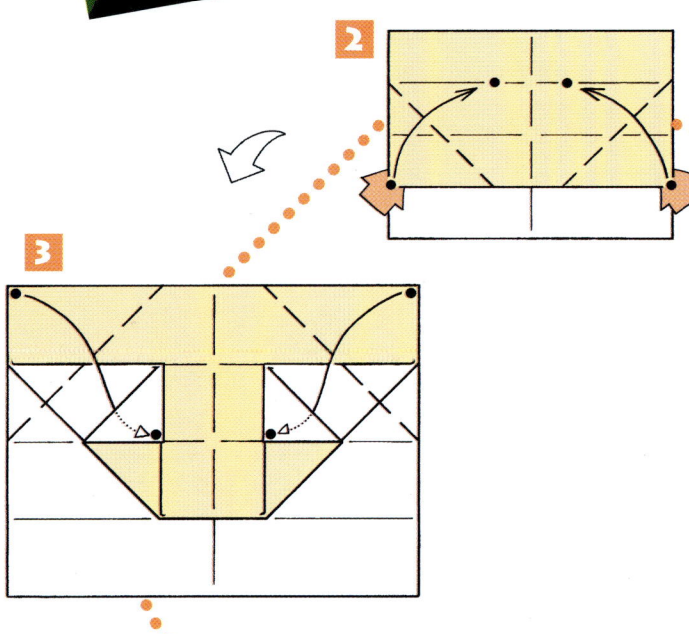

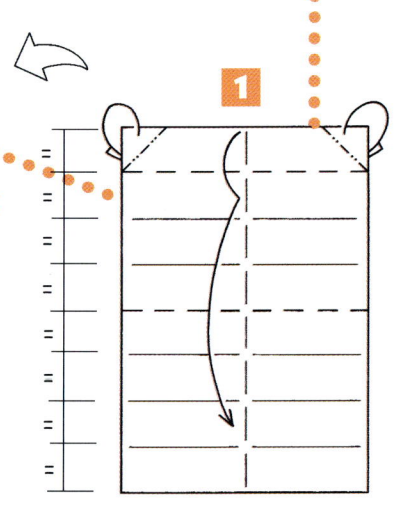

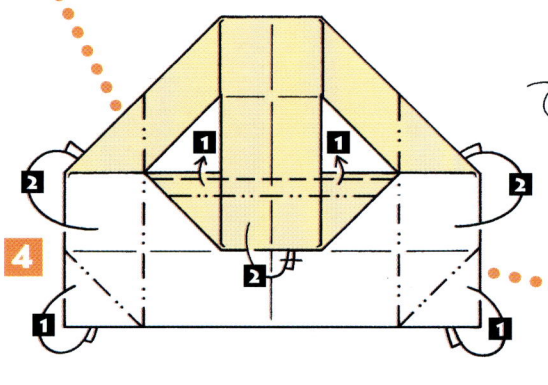

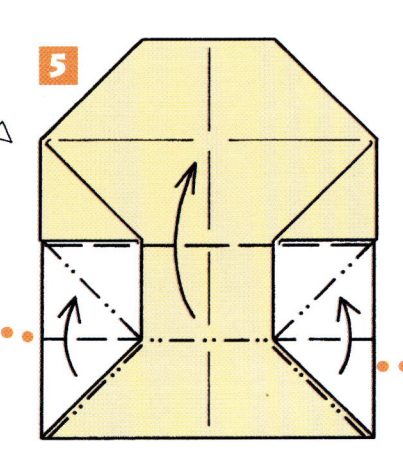

Will man eine Schirmmütze haben, um Briefmarken zu sammeln, braucht man nur die Technik des *Kirigami* anzuwenden, das heißt: einfach einen Einschnitt in einen Papierbogen zu machen. Aber will man eine Schirmmütze, um Hip Hop zu tanzen, auf Inline-Skatern zu rollen oder eine Dampflok zu führen, braucht man eine Mütze nur nach *Origami* zu falten - so wie diese hier, zum Beispiel.

■ Gerade wegen der Falten bei den Schritten 9-10 sollte man ein eher dünnes Papier benutzen.

■ Dieser Hut gehört zur Gruppe derer, die man mit 45-, 90- und 180-Grad-Winkeln faltet. Und trotzdem wird er keinesfalls quadratisch sein. Eigentlich ist es nur die Vorbereitung auf Schritt 9, wo man den Hut wie mit Meisterhänden in die ovale Form bringt.

■ Der Hut ist stabil, lässig, cool und obendrein fühlt man sich richtig gut, aber, wie so oft, sollte man die Öffnung vor dem Aufsetzen mit den Fingern weicher machen.

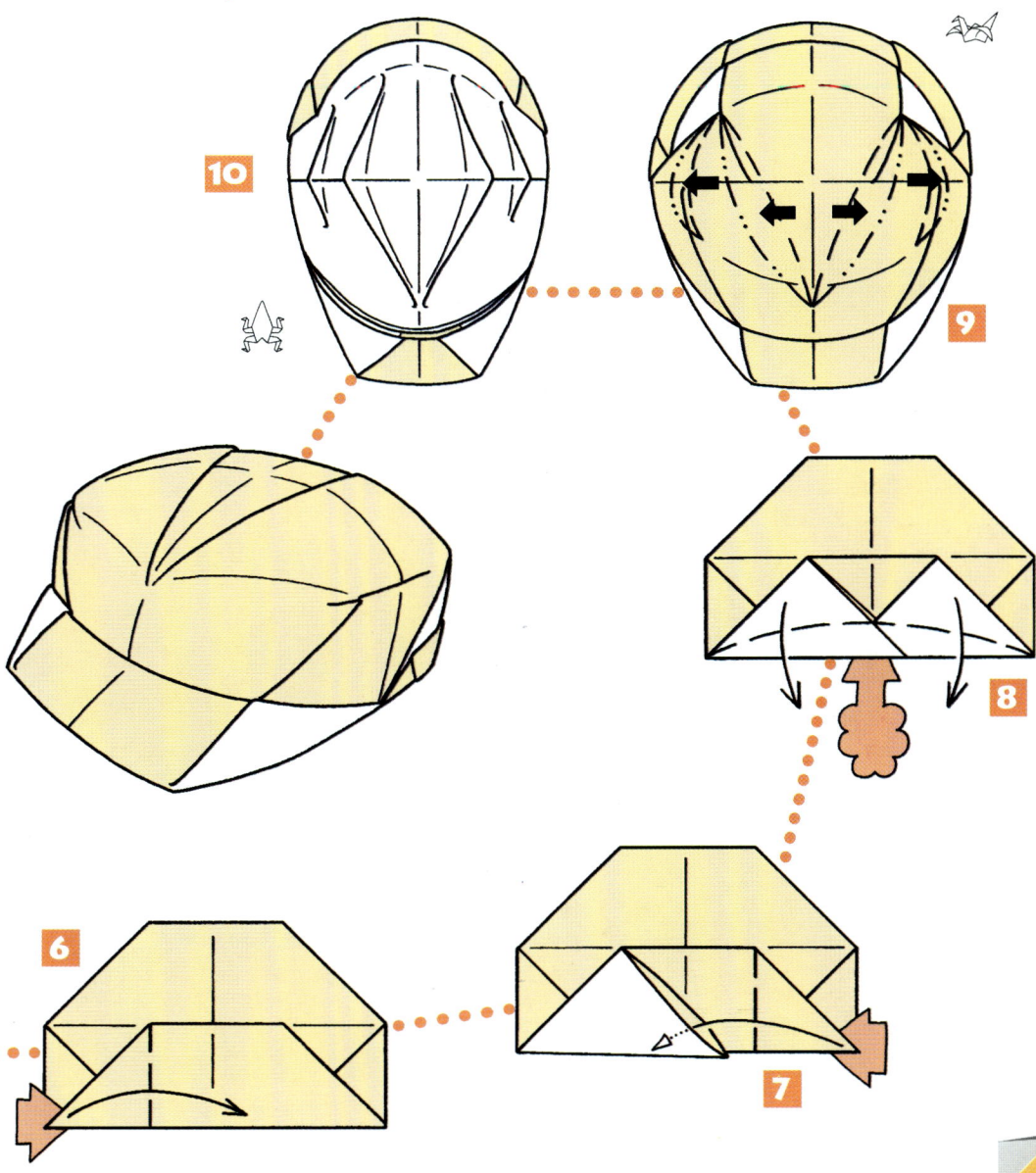

71

BASKENMÜTZE

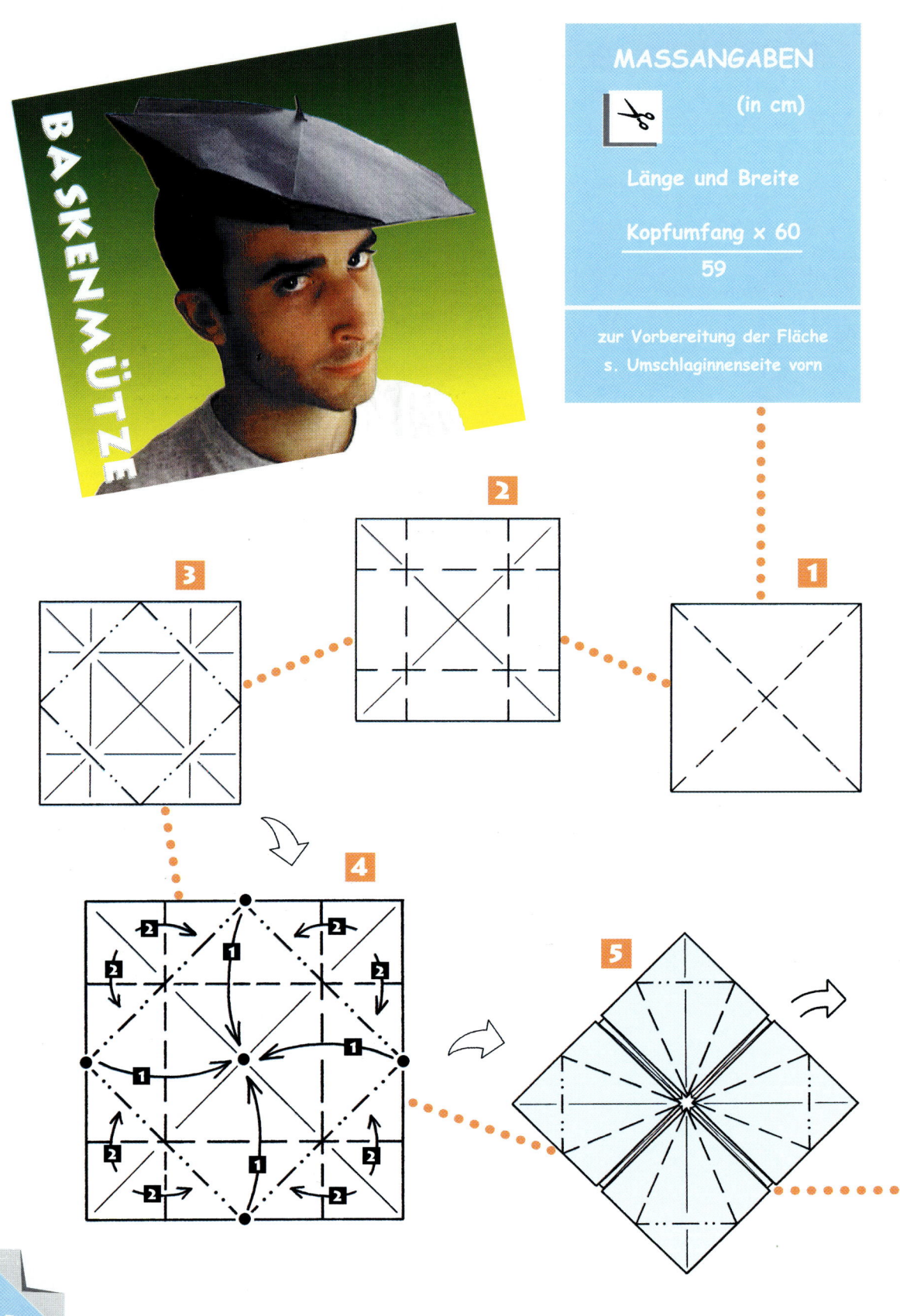

MASSANGABEN (in cm)

Länge und Breite

$$\frac{\text{Kopfumfang} \times 60}{59}$$

zur Vorbereitung der Fläche
s. Umschlaginnenseite vorn

72

Die Basken sind ein europäisches Volk, das stolz auf seine Sprache und seine Bräuche ist. Zu einem seiner Merkmale gehört eine Mütze, genannt *Txapela* (sprich: Tschapella), die in diesem Buch aus Papier gemacht wird. Wenn man diese Mütze aufsetzt, kann man hervorragend eine der baskischen Sportarten betreiben, wie z. B. Steine heben, die über 300 Kilo wiegen. Nachdem beim Falten der Mütze die Feinmotorik geübt wurde, kann man ja anschließend prima die Grobmotorik zum Zuge kommen lassen.

■ Ich will ja niemanden hinters Licht führen: der 7. Schritt bei dieser Mütze ist wahrscheinlich der schwierigste im ganzen Buch und er ist eigentlich auch erst beim 9. Schritt fertig. Den 8. Schritt hab ich gesondert dargestellt, um die Anleitung insgesamt nicht noch komplizierter zu gestalten. Die Faltung ist zugegebenermaßen wirklich schwer, aber nicht unmöglich: dabei sollte man eher Fingerfertigkeit als Gewalt anwenden.

■ Bei diesem Hut breche ich vorsätzlich mit der goldenen Regel, die das Schneiden verbietet. Meine Rechtfertigung kann man am Anfang des Kapitels *Tipps und Ideen* unter Punkt 13 nachlesen.

■ Eigentlich ist eine Baskenmütze schwarz oder rot, und man trägt sie leicht nach vorn und zur Seite geneigt.

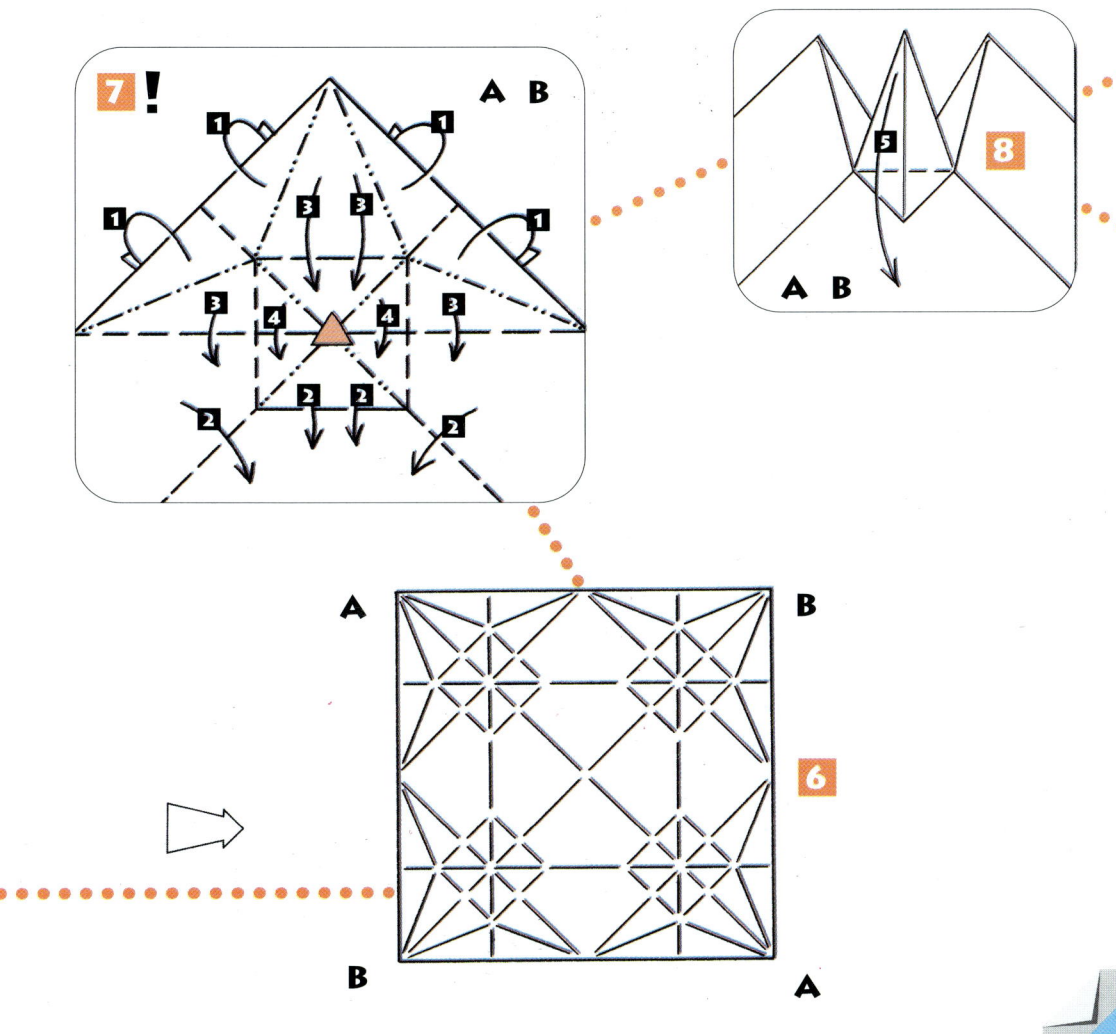

9

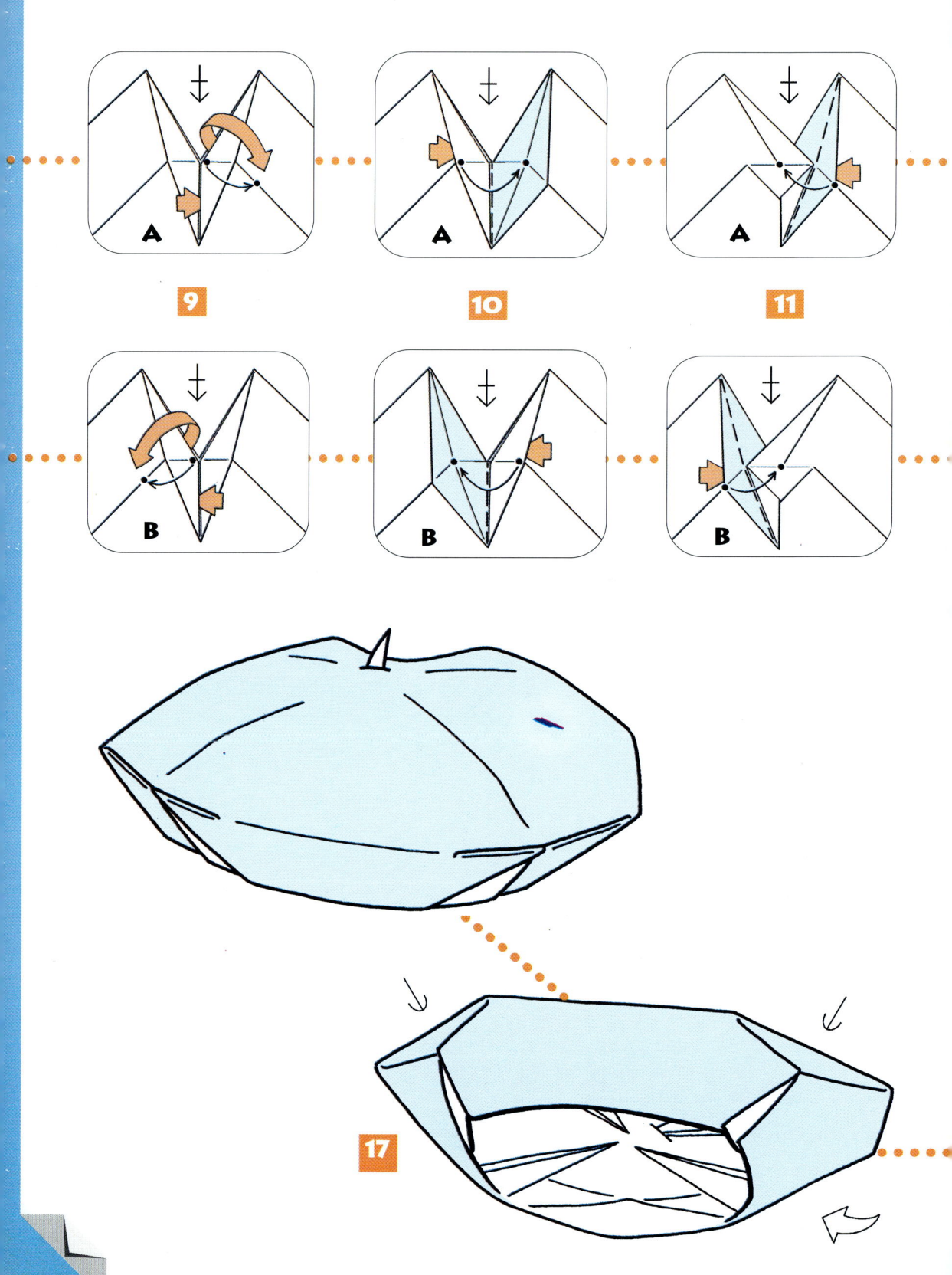

10

11

A

A

A

B

B

B

17

74

75

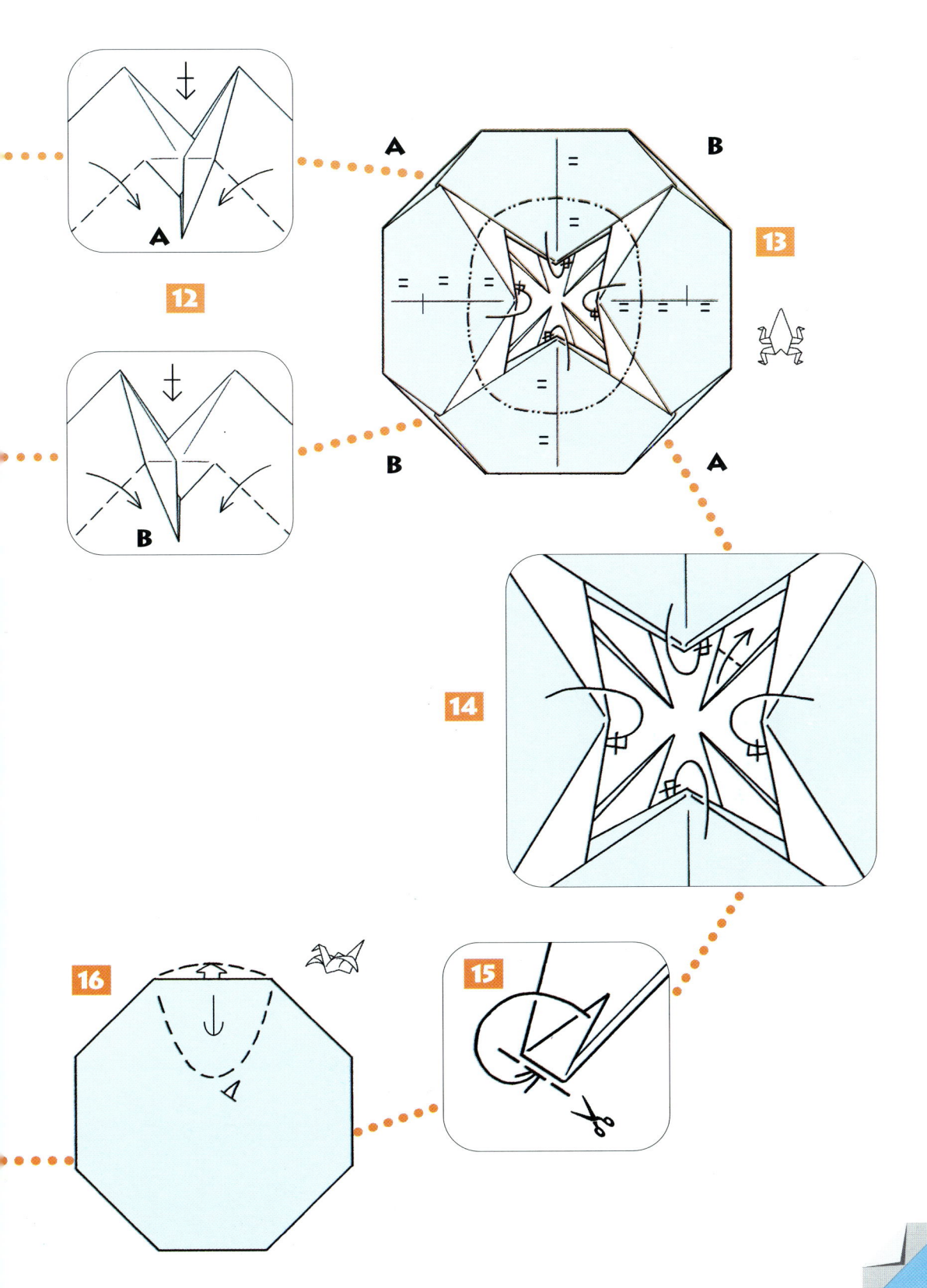

PREDEIGER

MASSANGABEN
✂ (in cm)

Länge und Breite

$$\frac{\text{Kopfumfang} \times 57}{59}$$

zur Vorbereitung der Fläche
s. Umschlaginnenseite vorn

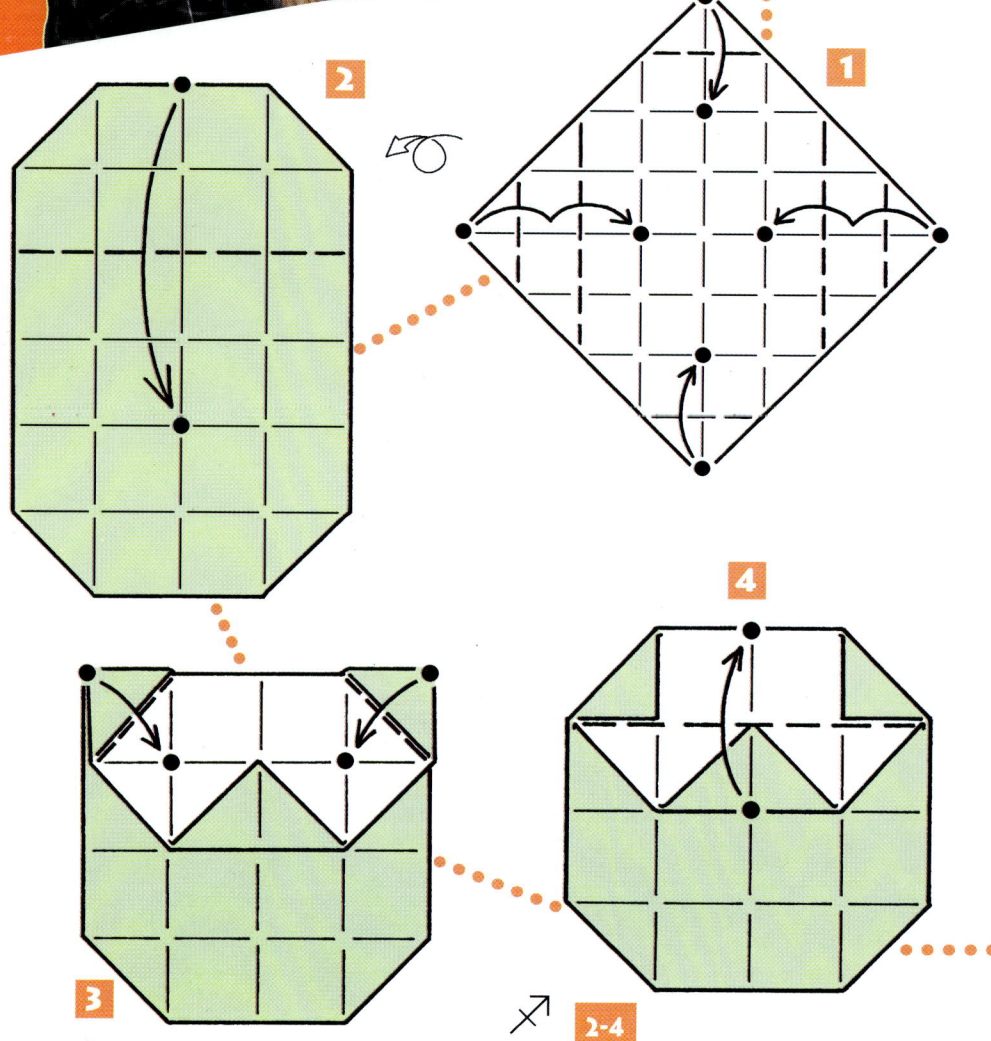

Nimmt man an, dass dieser Hut der eines Predigers ist, dann ist er sicher Mitglied einer *Origami-Sekte*. Weitere Verwendungsvorschläge werden gern entgegengenommen:
sallas@web.de

■ Zweifarbiges Papier ist hier gut geeignet, und wenn man dünnes Papier auswählt, ist das Risiko kleiner, im 7. Schritt unnötig viele Falten entstehen zu lassen.

■ Mit den oft erwähnten 45-, 90- und 180-Grad-Winkeln kann man unendlich viele Hüte dieser Art falten.

■ Die Falten im 6. Schritt entstehen ganz automatisch, ohne dass man sie vorher bewusst falten oder nachziehen müsste.

■ Die Hutöffnung ist dreieckig, aber die Köpfe der meisten Menschen sind oval. Deshalb muss man den Hut - aller Voraussicht nach - dem Kopf anpassen, am besten mit den Fingern. In jedem Fall braucht der Hut beim Aufsetzen ein bisschen Druck, aber er ist sehr stabil.

■ Beim Aufsetzen sollte man darauf achten, wo vorn (gefaltete Kante) und wo hinten ist.

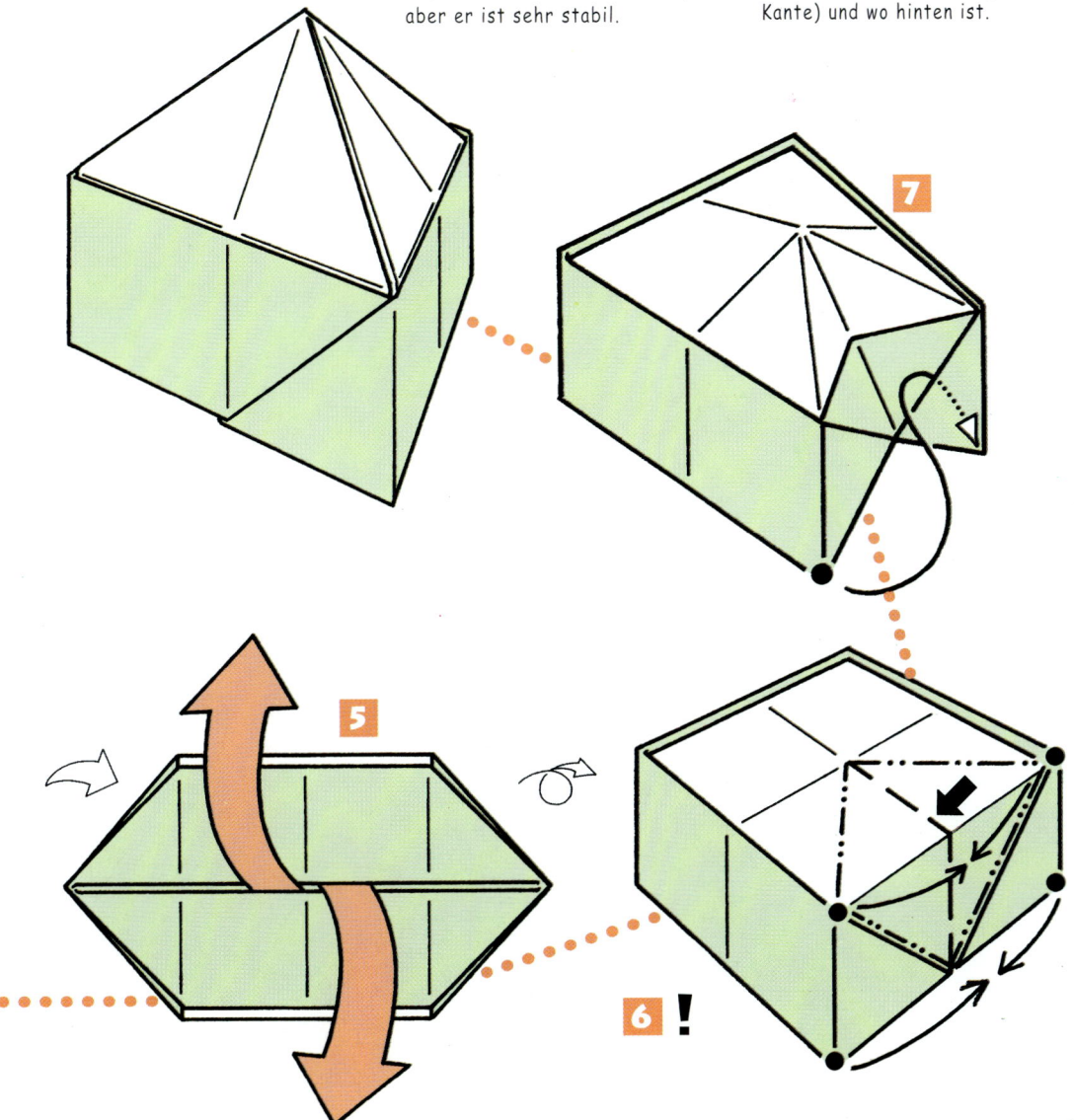

MAUS

MASSANGABEN (in cm)

$$\text{Länge} = \frac{\text{Kopfumfang} \times 92{,}5}{59}$$

$$\text{Breite} = \frac{\text{Kopfumfang} \times 37}{59}$$

zur Vorbereitung der Fläche s. Umschlaginnenseite vorn

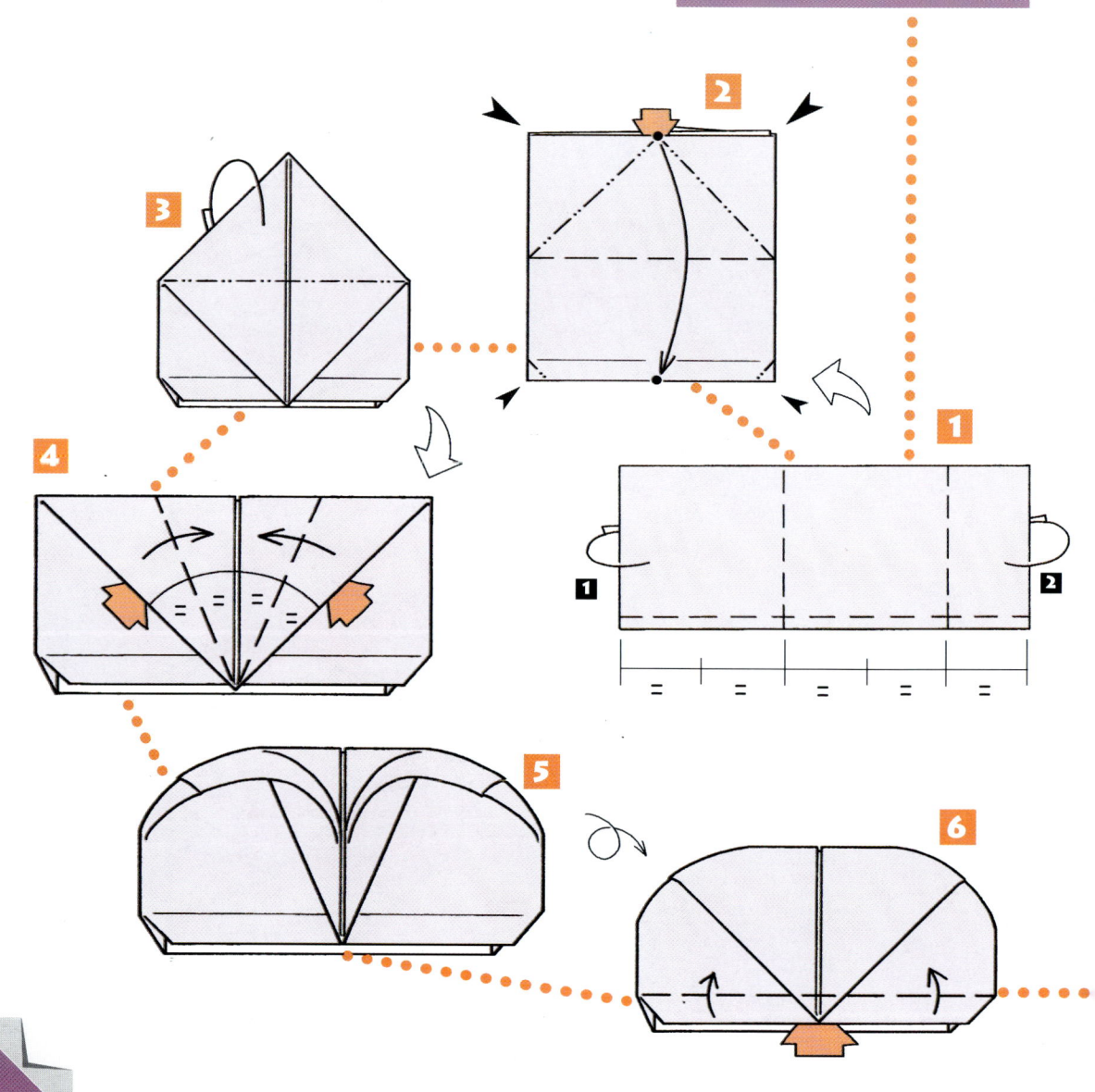

Es nützt nichts, sich als Mensch von den Tieren als Lebewesen unterscheiden zu wollen. Origamisten beispielsweise ahmen in ihren Schöpfungen Tiere unaufhörlich und auf raffinierte Art und Weise nach. Dieses Buch ist hier keine Ausnahme und dieser Hut auch nicht. In Verbindung mit dem Modell Katze (s.S.16) kann man den ganzen Abend lang Katz und Maus spielen.

■ Mit einfarbigem Papier, gemusterten Papier oder mit beiden Papierarten zusammen, ist ein weniger dickes Papier angebracht.

■ Die Faltung hier weist eigentlich keine besonderen Schwierigkeiten auf; es sind vielmehr die Wölbungen und nicht so sehr die Falten, die hier die Schönheit ausmachen.

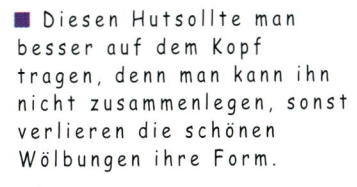

■ Diesen Hut sollte man besser auf dem Kopf tragen, denn man kann ihn nicht zusammenlegen, sonst verlieren die schönen Wölbungen ihre Form.

■ Der Hut ist stabil, aber es empfiehlt sich, auch hier die Hutöffnung mit den Fingern vorsichtig weicher zu machen.

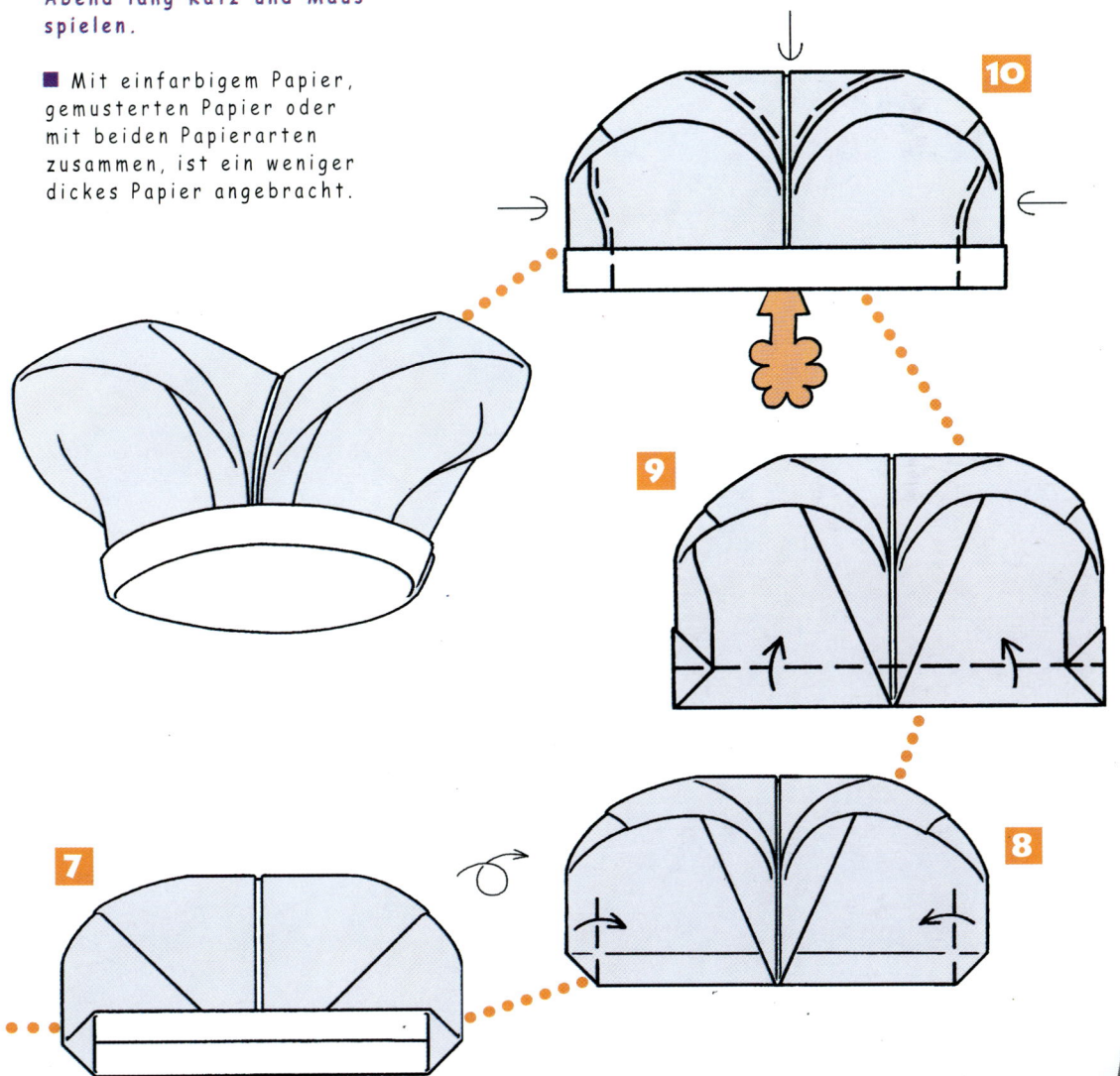

HASENLÖFFEL

MASSANGABEN (in cm)

$$\text{Länge} = \frac{\text{Kopfumfang} \times 141{,}5}{59}$$

$$\text{Breite} = \frac{\text{Kopfumfang} \times 100}{59}$$

zur Vorbereitung der Fläche
s. Umschlaginnenseite vorn

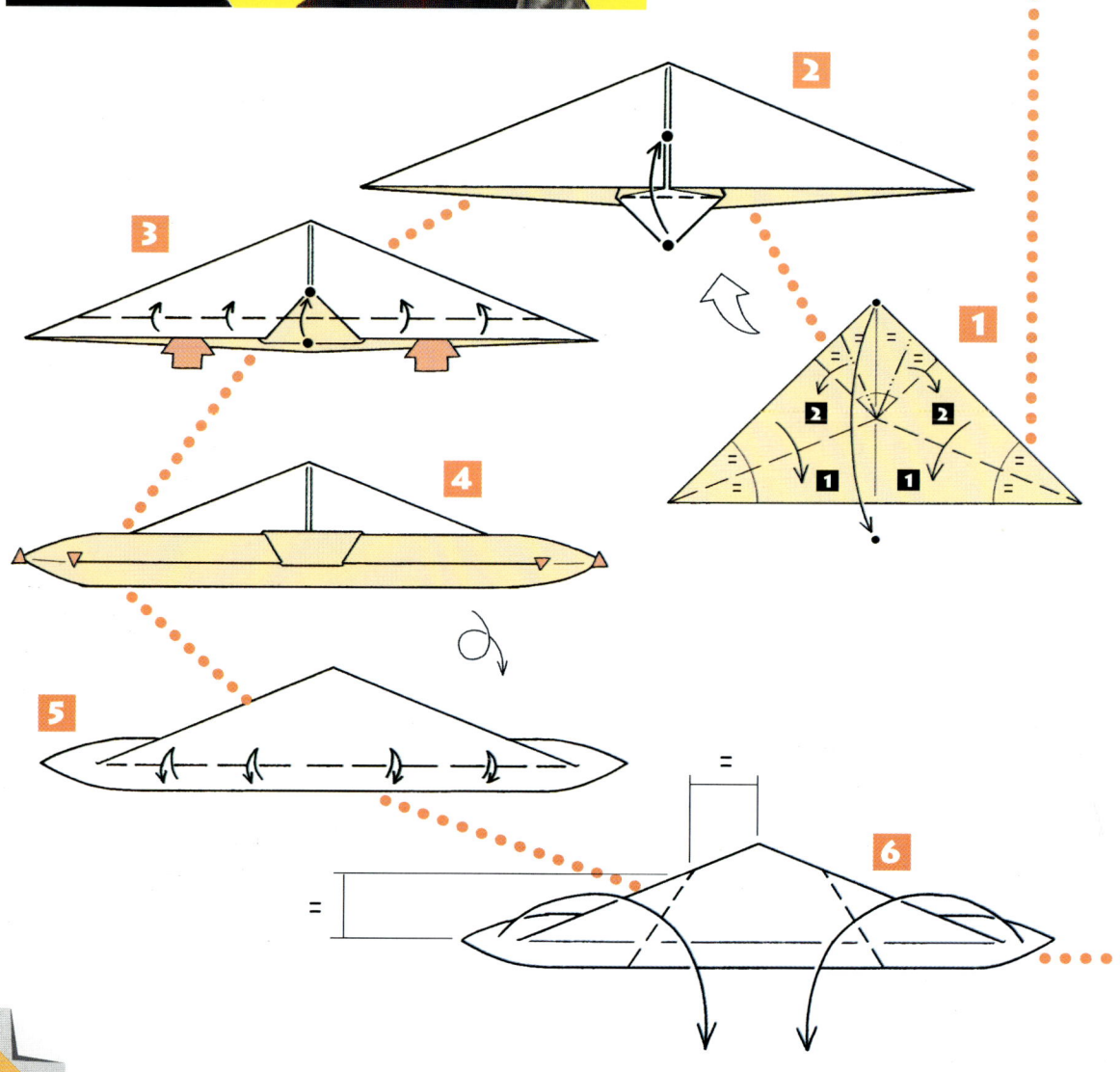

80

Alle Papierhüte sind an sich schon lustig, aber dieser hier ist es besonders. Für Kinder ist dieses Modell ideal zum Ostereiersuchen und die Großen sollten bei dieser Kopfbedeckung ihrer Kreativität und Fantasie freien Lauf lassen.

■ Dreht man den Kopf genau wie ein Hase, der etwas wittert, dann bewegen sich die Ohren auf eine Art und Weise, die in der Regel großes Gelächter hervorruft.

Ist das Papier dünn, brauchen die Ohren mehr Zeit, um bei ruckartigen Bewegungen die Ausgangsposition wieder einzunehmen. Ist das Papier aber ein bisschen fester, dann bleiben die Ohren steifer und sind trotzdem beweglich.

■ Man sollte beim Falten daran denken, dass die dreidimensionale Form der Ohren ab dem 3. Schritt bis zum Schluss bleibt; die Ohren sollten also nicht zerdrückt werden.

■ Sollte der Hut trotz aller Vorsicht dann doch nicht richtig passen, kann man ihn im 6. Schritt noch besser anpassen: die Falten können, je nach Bedarf, verschoben werden.

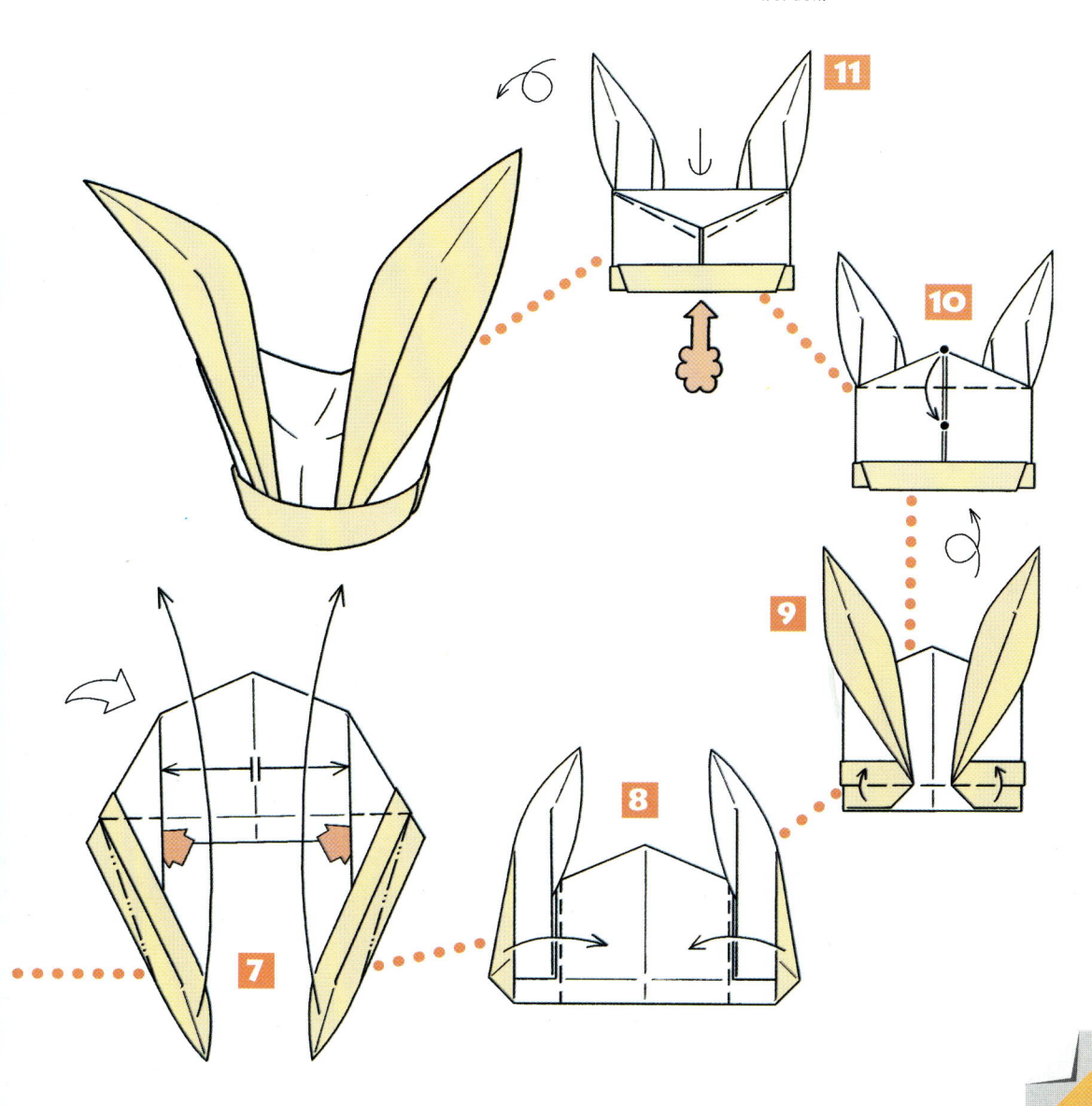

HÄFTLING

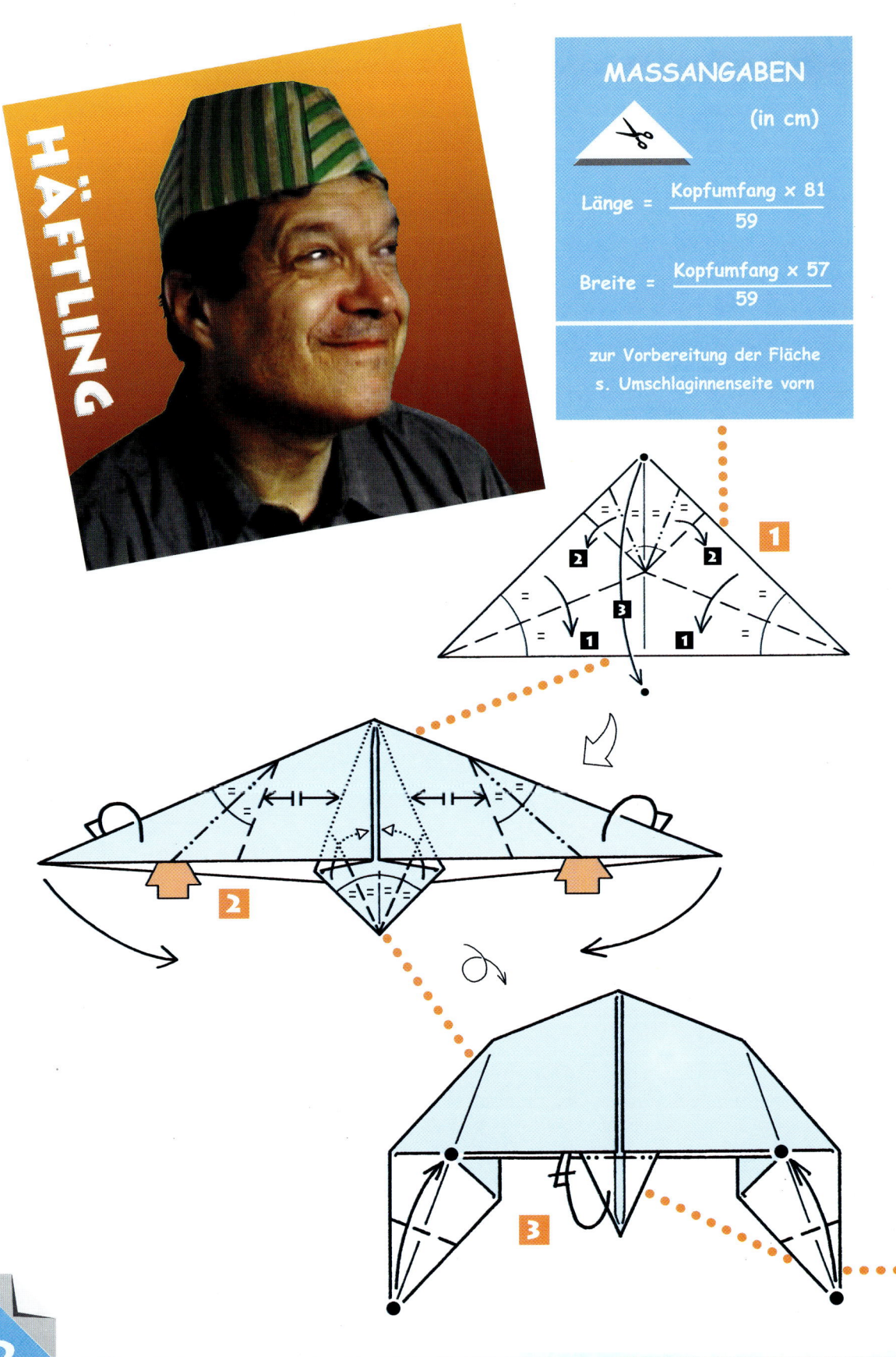

MASSANGABEN (in cm)

$$\text{Länge} = \frac{\text{Kopfumfang} \times 81}{59}$$

$$\text{Breite} = \frac{\text{Kopfumfang} \times 57}{59}$$

zur Vorbereitung der Fläche
s. Umschlaginnenseite vorn

Eine Origamifigur kann nur Begeisterung wecken, wenn der Erfinder (der natürlich immer anspruchsvoll und selbstkritisch sein sollte) selbst von ihr überzeugt ist. Wäre das Buch nicht von mir, würde ich es zweifellos und ohne Rücksicht auf Verluste verreißen. Aber da ich ja nun mal der Autor bin, muss ich mich natürlich anstrengen, um den Lesenden die interessantesten und nettesten Aspekte aufzuzeigen. Deshalb ist es mir wichtig, an dieser Stelle die Aufmerksamkeit auf den 4. Schritt zu lenken. Ich weiß, dass ich für diese Faltung niemals den Nobelpreis für Origami bekommen werde, aber es würde mich freuen, wenn man zur Kenntnis nehmen würde, dass sie nicht gerade hässlich ist.

■ Man sollte nicht zu dickes Papier nehmen; das wird beim Übergang vom 6. zum 7. Schritt sehr hilfreich sein.

■ Zweifarbiges Papier ist nicht nötig, weil man am Ende sowieso nur eine Seite sieht. Als Häftling sollte man natürlich in Streifen auftreten, als Bäcker oder Konditor sollte man weißes Papier verwenden.

■ Beim Aufsetzen entstehen keine Schwierigkeiten, weil auch dieses Modell durch das Vakuum, das zwischen Haaren und Mütze entsteht, gut sitzt.

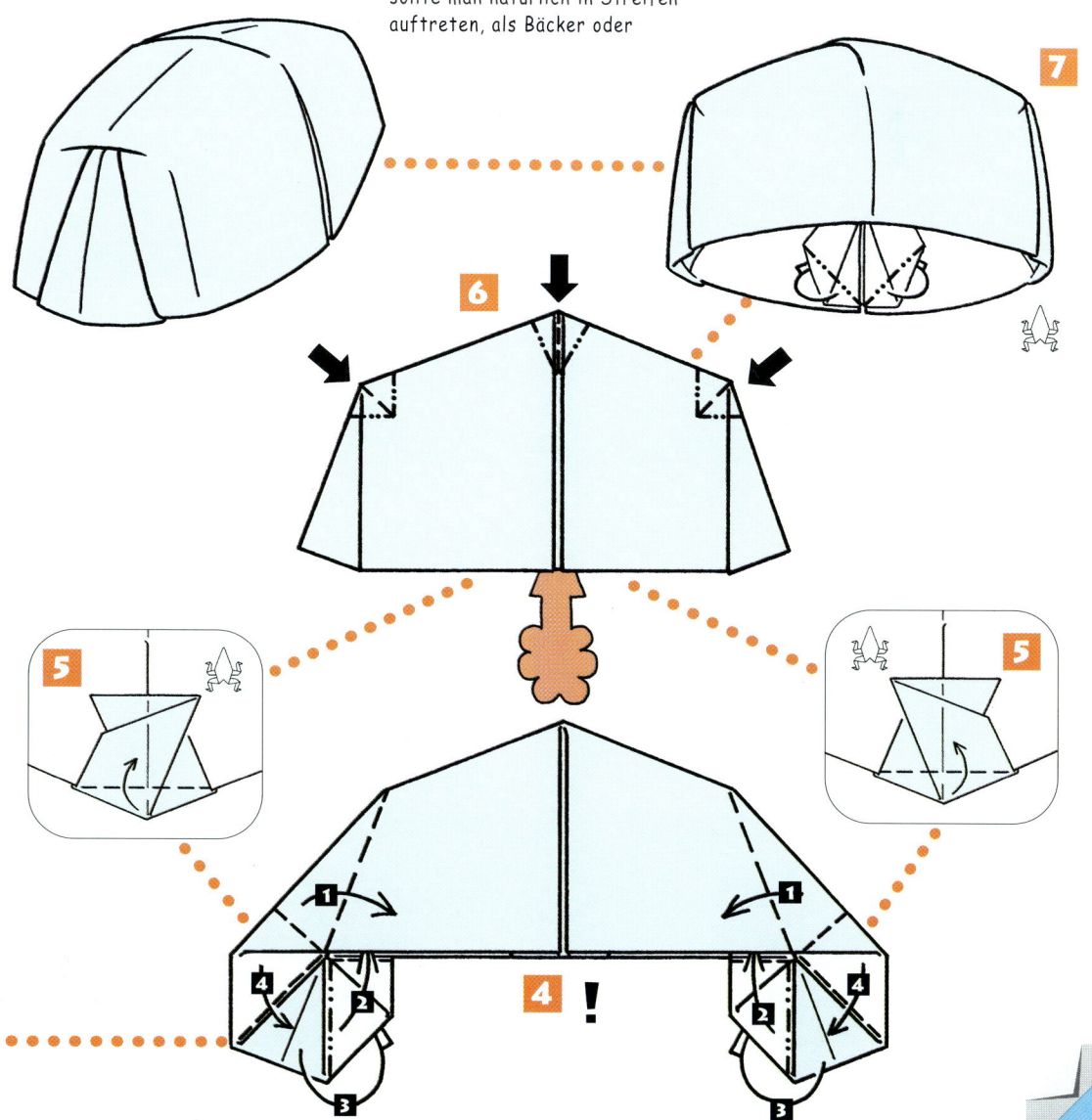

PANETONE

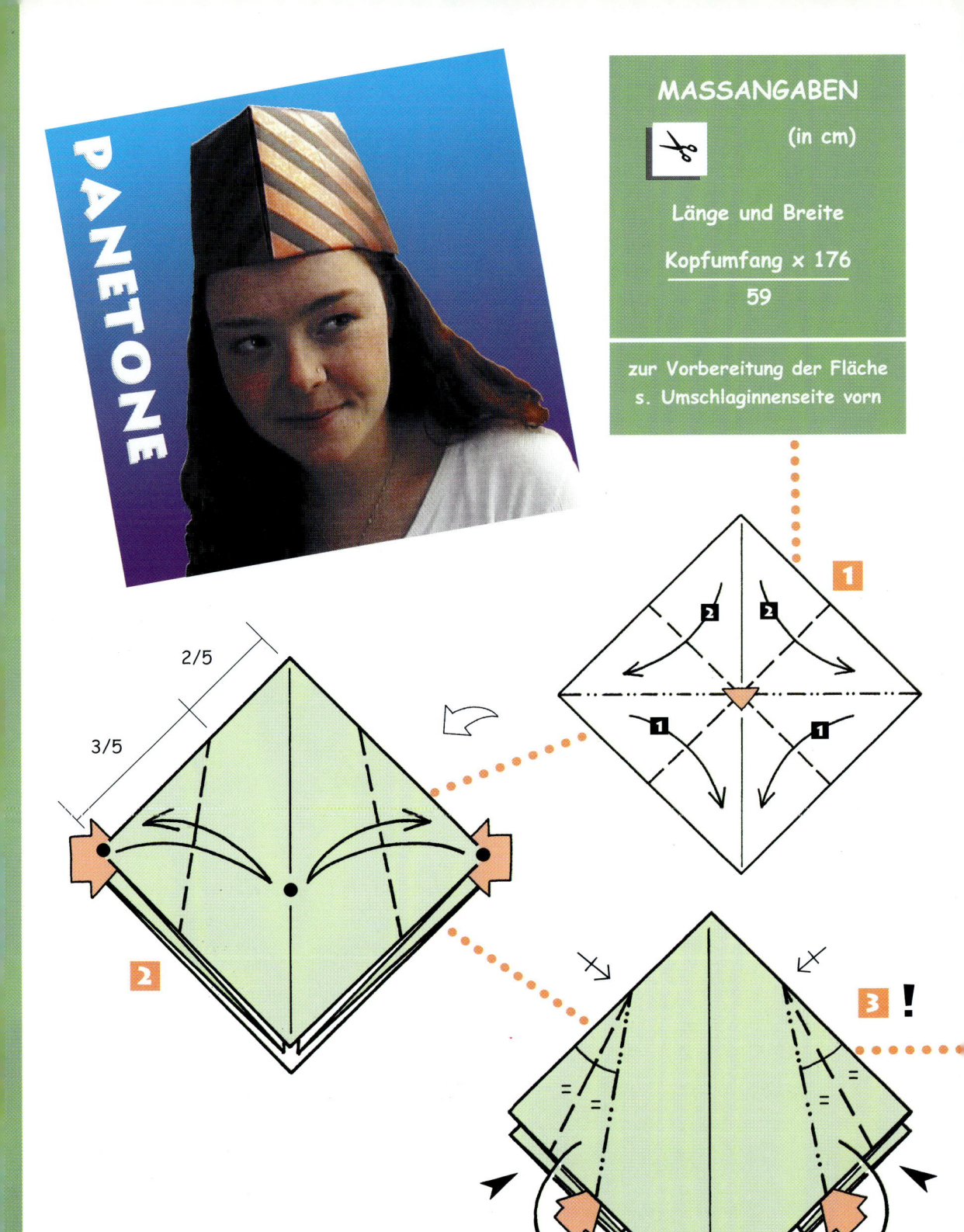

MASSANGABEN
(in cm)

Länge und Breite

$$\frac{\text{Kopfumfang} \times 176}{59}$$

zur Vorbereitung der Fläche
s. Umschlaginnenseite vorn

2/5
3/5

Dieser Hut ist mit großer Wahrscheinlichkeit der einfachste Hut in diesem Buch. Er erinnert in gewisser Weise an ein Produkt aus der italienischen Konditorkunst. Man kann den Hut wunderbar mit Kirschen und Schokolade bemalen, wie einen echten Kuchen. Und ist der Hut ganz rot, dann sieht er aus wie der eines Türken, der am Freitag die Moschee aufsucht.

■ Die Grundform ist hier die der „Wasserbombe", jedoch mit umgekehrten Falten.

■ Obwohl der Hut sehr einfach ist, sollte man darauf achten, dass die spitzen Winkel sauber und präzise gefaltet werden. Bringt man dann den Hut in Form, sollten die Kanten im oberen Teil nicht nachgezogen werden, damit sie ihre rundliche Form behalten.

■ Eleganter wirkt der Hut, wenn man die Seitenkante vorn zentriert trägt.

■ Man kann den Hut leicht zusammenlegen, um ihn mitzunehmen. Aber wenn man das zu oft macht, lassen die Wölbungen nach und der Hut verliert seinen Charme.

■ Durch das entstandene Vakuum zwischen den Haaren und der Hutinnenseite haftet der Hut hervorragend auf dem Kopf.

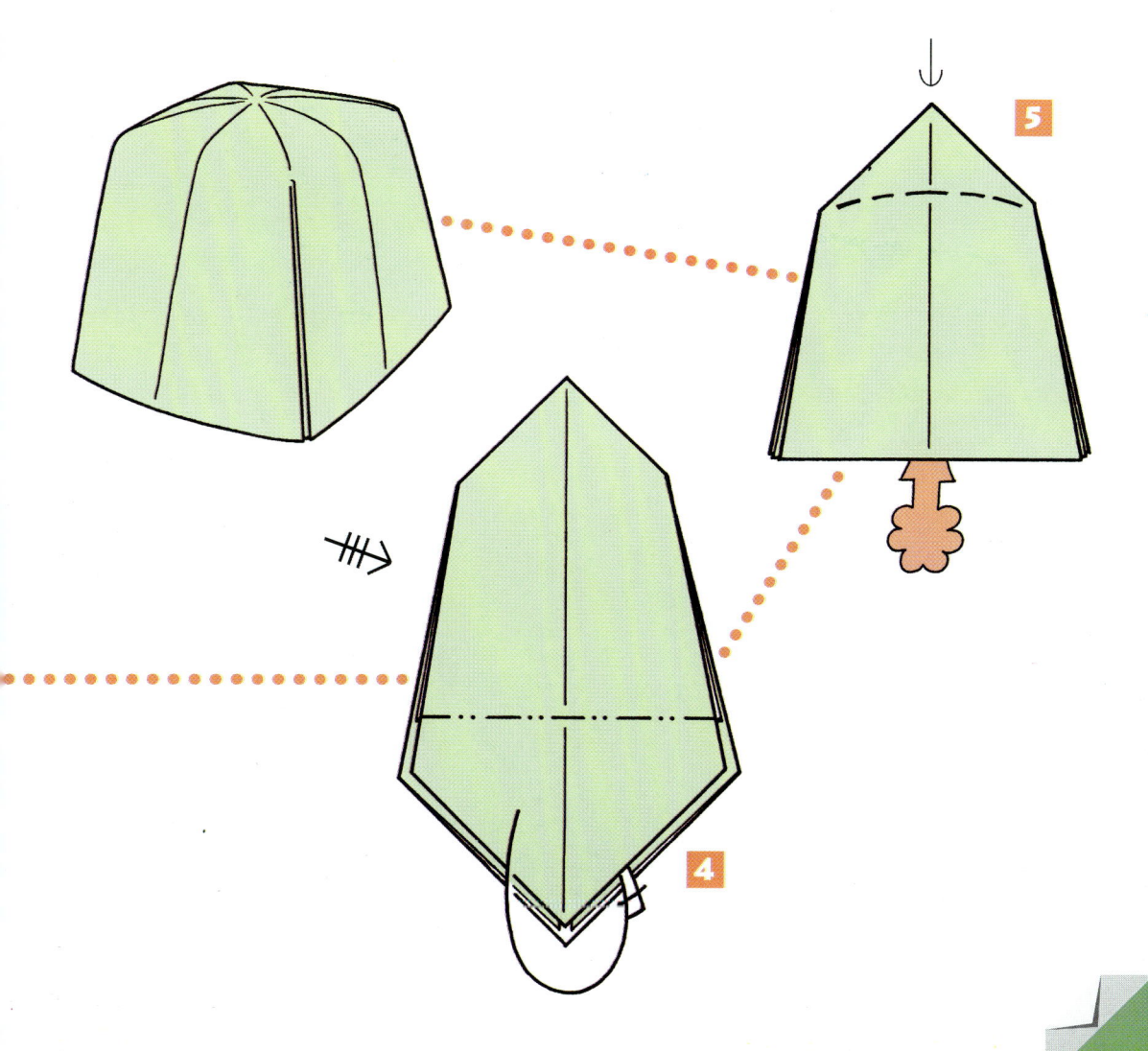

ZAUBERER

MASSANGABEN
(in cm)

$$\text{Länge} = \frac{\text{Kopfumfang} \times 100}{59}$$

$$\text{Breite} = \frac{\text{Kopfumfang} \times 50}{59}$$

zur Vorbereitung der Fläche
s. Umschlaginnenseite vorn

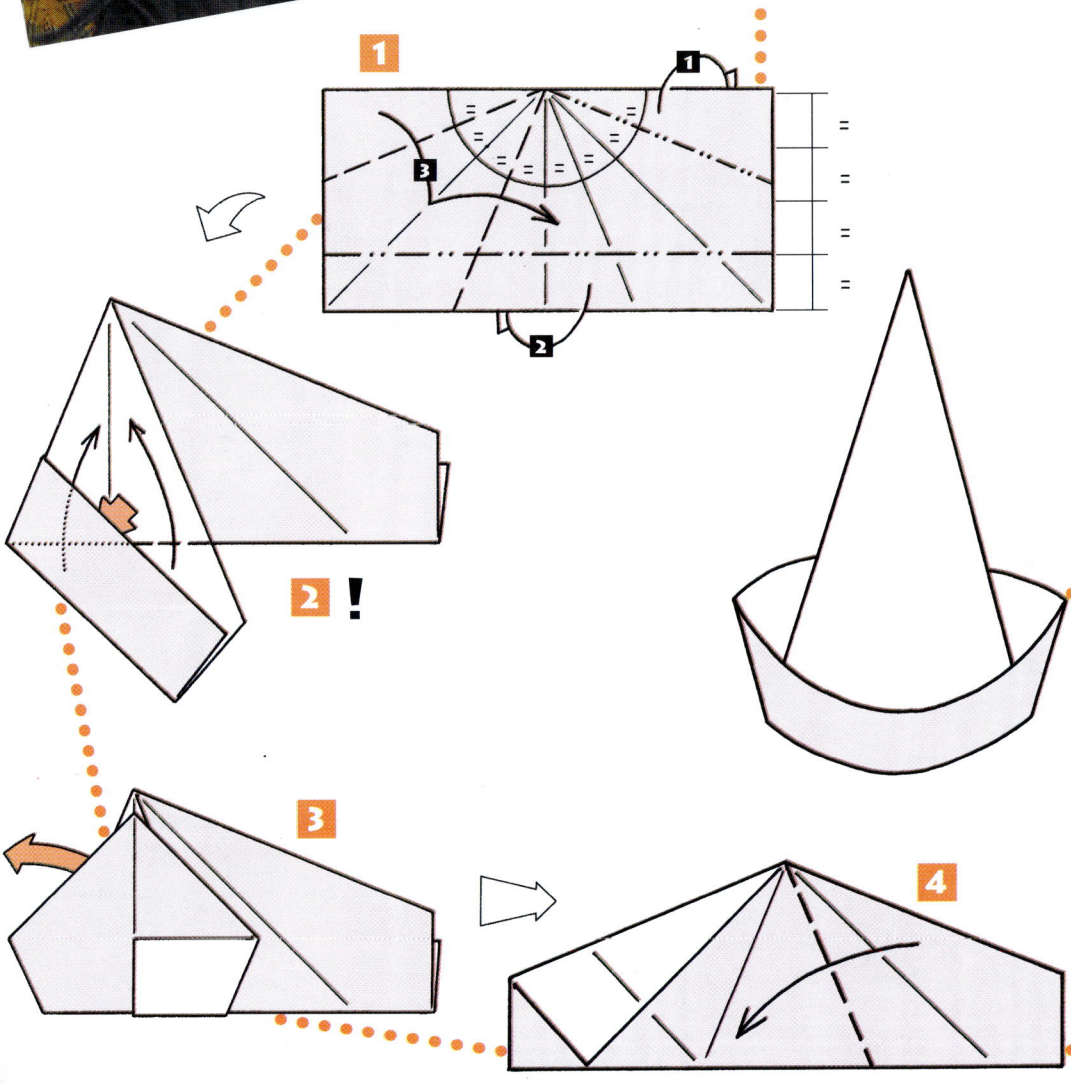

86

Im Jahr 105 unserer Zeitrechnung erfand Ts'ai Lun in China das Papier. Aber wo, wann und von wem wurde der erste Papierhut erfunden? Hatte er vielleicht die Form einer umgekehrten Papiertüte? Wie dem auch sei: dieser Hut hat genau die Form. Ist das Papier rot, kann man als Pinocchio auftreten; beklebt man ihn mit Silberstaub, kann man wunderbar den Clown spielen.

■ Mit dickerem Papier kann man genau die Form einer *Papiertüte* stabilisieren, so dass der Hut am Ende doch nicht wie eine Tüte aussieht, in der Pommes verkauft wurden.

■ Der Hut hat keinen komplizierten Schritt, aber man sollte auf die Falten in den Schritten 2 und 5 achten.

■ Die Falten, die auf beiden Seiten im 8. Schritt gemacht werden, trennen die Hutkrempe vom Rohr. Dabei sollte man darauf achten, dass die eine Seite nicht weiter absteht als die andere.

■ Hüte aufeinander zu stapeln ist nicht nur eine Art, die Hüte zu transportieren; man kann sie auch einfach so tragen, wobei man natürlich die neue Körpergröße (vor allem beim Durchschreiten von Türen) nicht außer Acht lassen sollte.

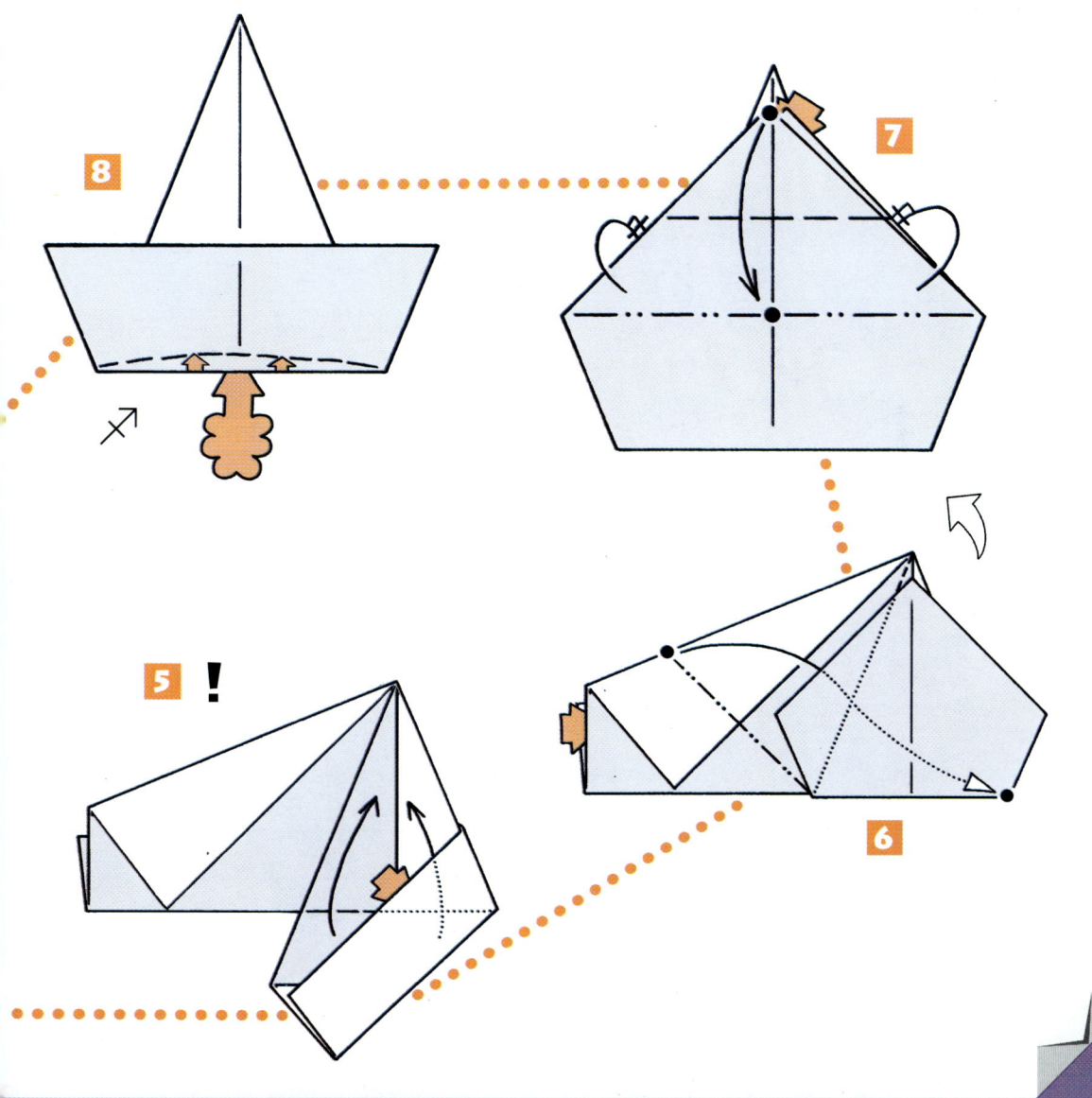

87

EISVERKÄUFER

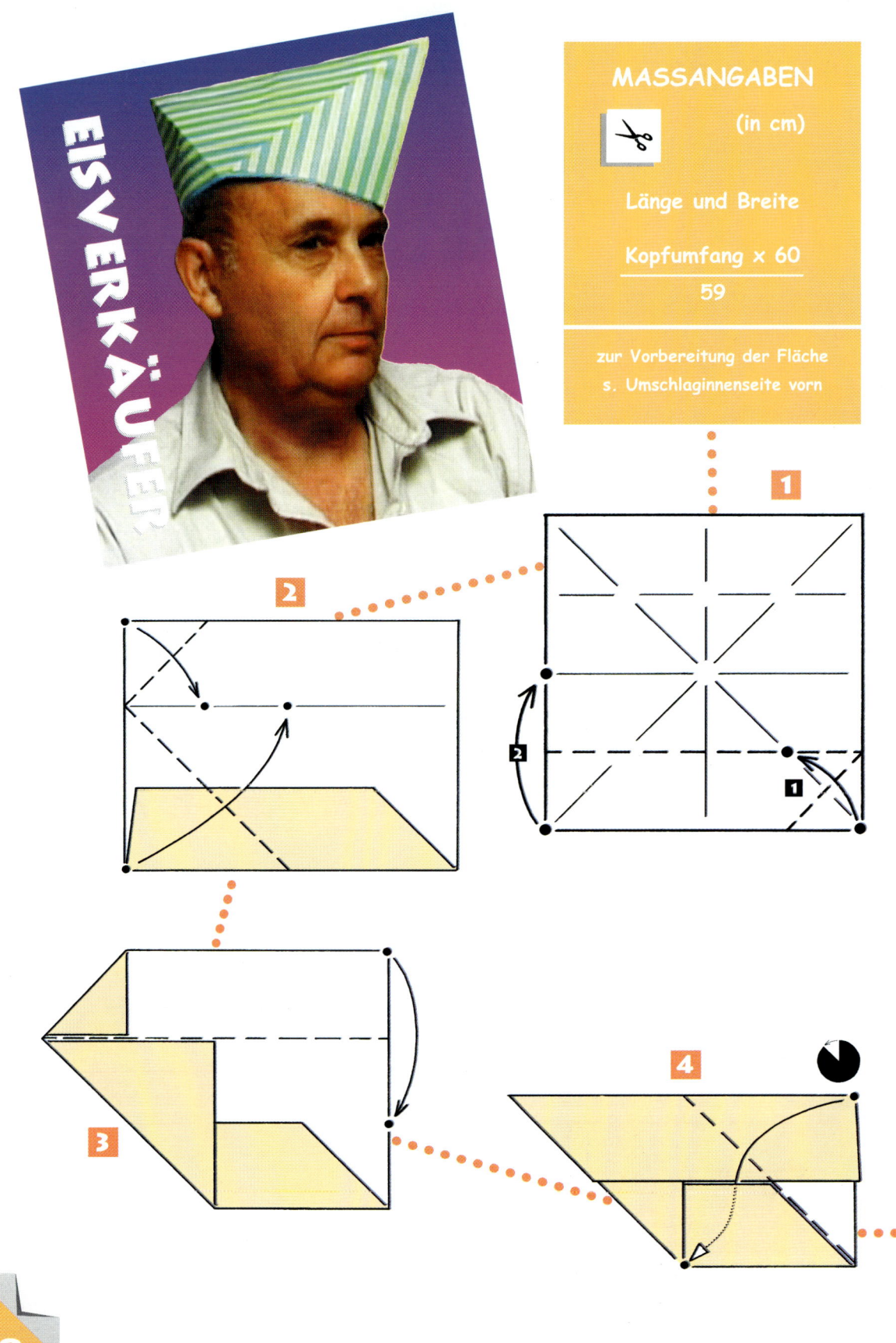

MASSANGABEN

(in cm)

Länge und Breite

$$\frac{\text{Kopfumfang} \times 60}{59}$$

zur Vorbereitung der Fläche
s. Umschlaginnenseite vorn

1

2

3

4

88

Es gibt eine Origamitechnik, bei der die Figuren aus einigen Grundelementen bestehen, die zusammengesteckt werden, wobei die Endfigur dann *modular* genannt wird. Dieser Hut ist nicht *modular* (obwohl es tatsächlich modulare Kopfbedeckungen gibt), aber die ersten 4 Schritte bei diesem Modell sind allen Origamisten als eines der Module gut bekannt. Setzt man diesen Hut auf, ist man aber nicht auf den Verkauf von Eis beschränkt; man kann mit ihm auch Pommes verkaufen. Und sollte man sich entschließen, ihn als Kellner **aufzusetzen, dann kann man in die kleine Seitentasche Bleistift und Notizblock verstauen, um Bestellungen entgegennehmen zu können.**

■ Die Faltungen im 13. und 14. Schritt sind nicht schwer, aber wenn das verwendete Papier zu dick ist, kann das Falten nervtötend sein.

■ Dieser Hut hat nur eine sichtbare Farbe, aber benutzt man zweifarbiges Papier, dann verleiht die verborgene Innenseite dem Hut einen besonderen Reiz.

■ Hüte wie diesen mit den 45-, 90- und 180-Grad-Winkeln zu falten, ist eine schöne Beschäftigung, bei der man nebenbei auch anregend plaudern kann.

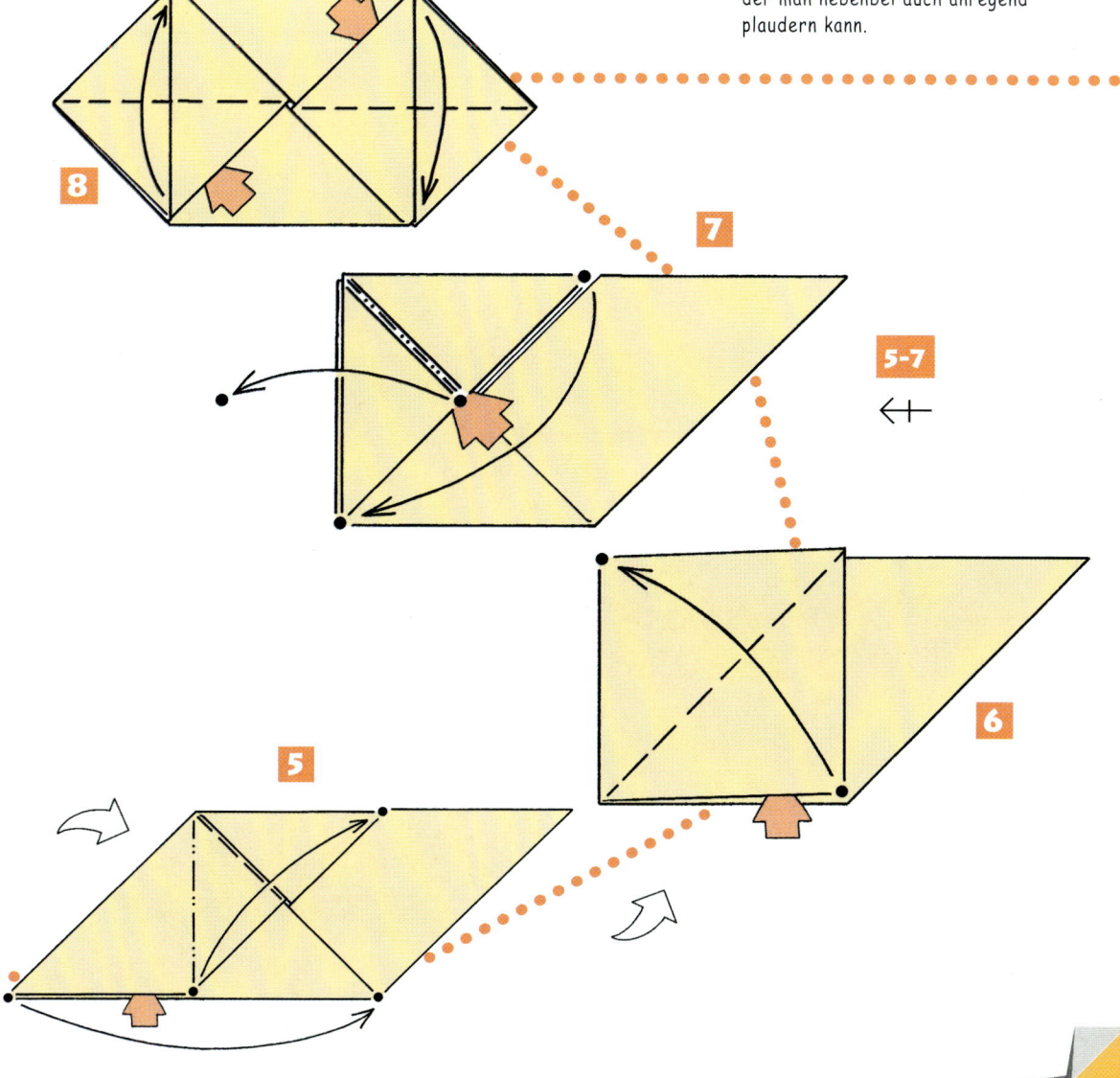

9

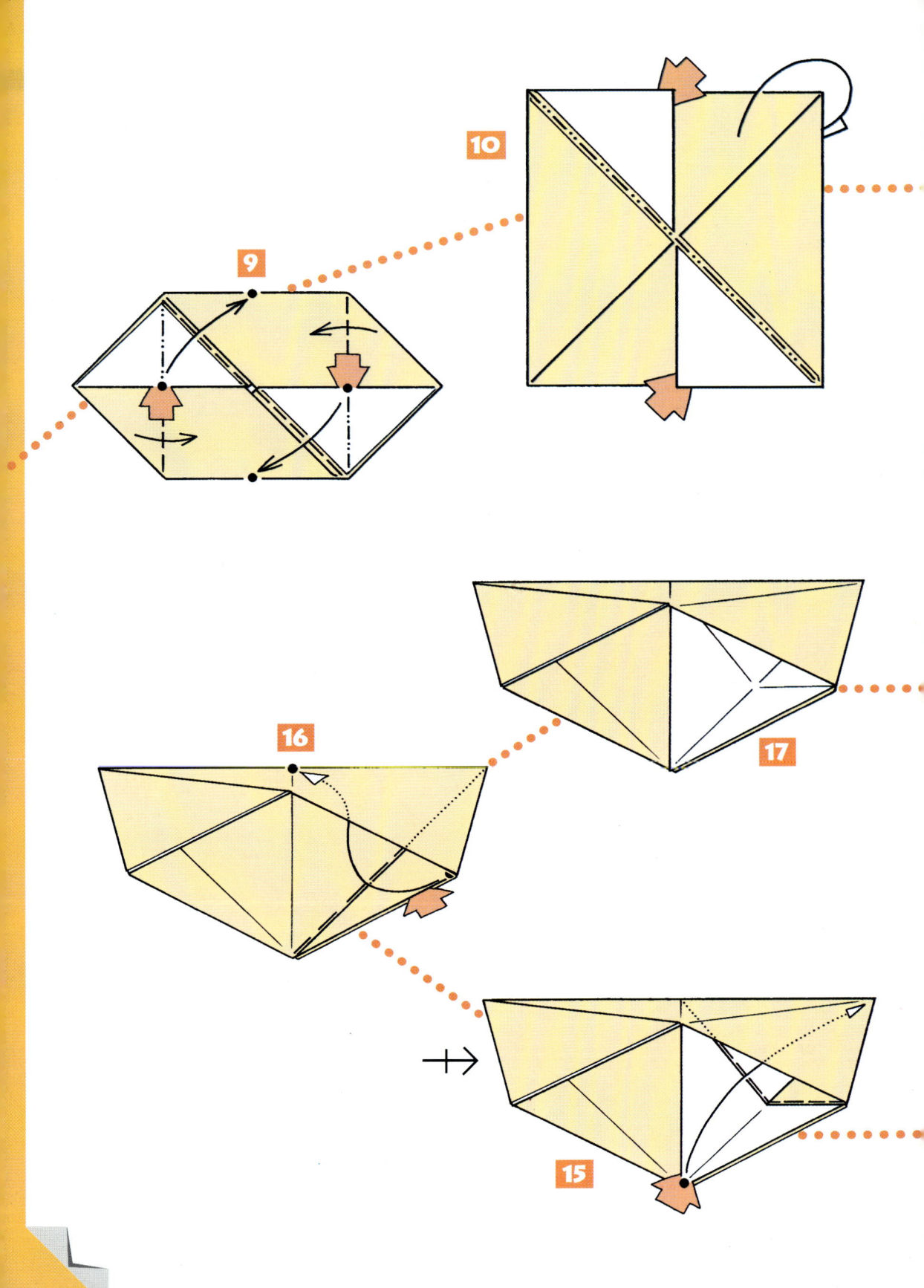

10

16

15

17

11

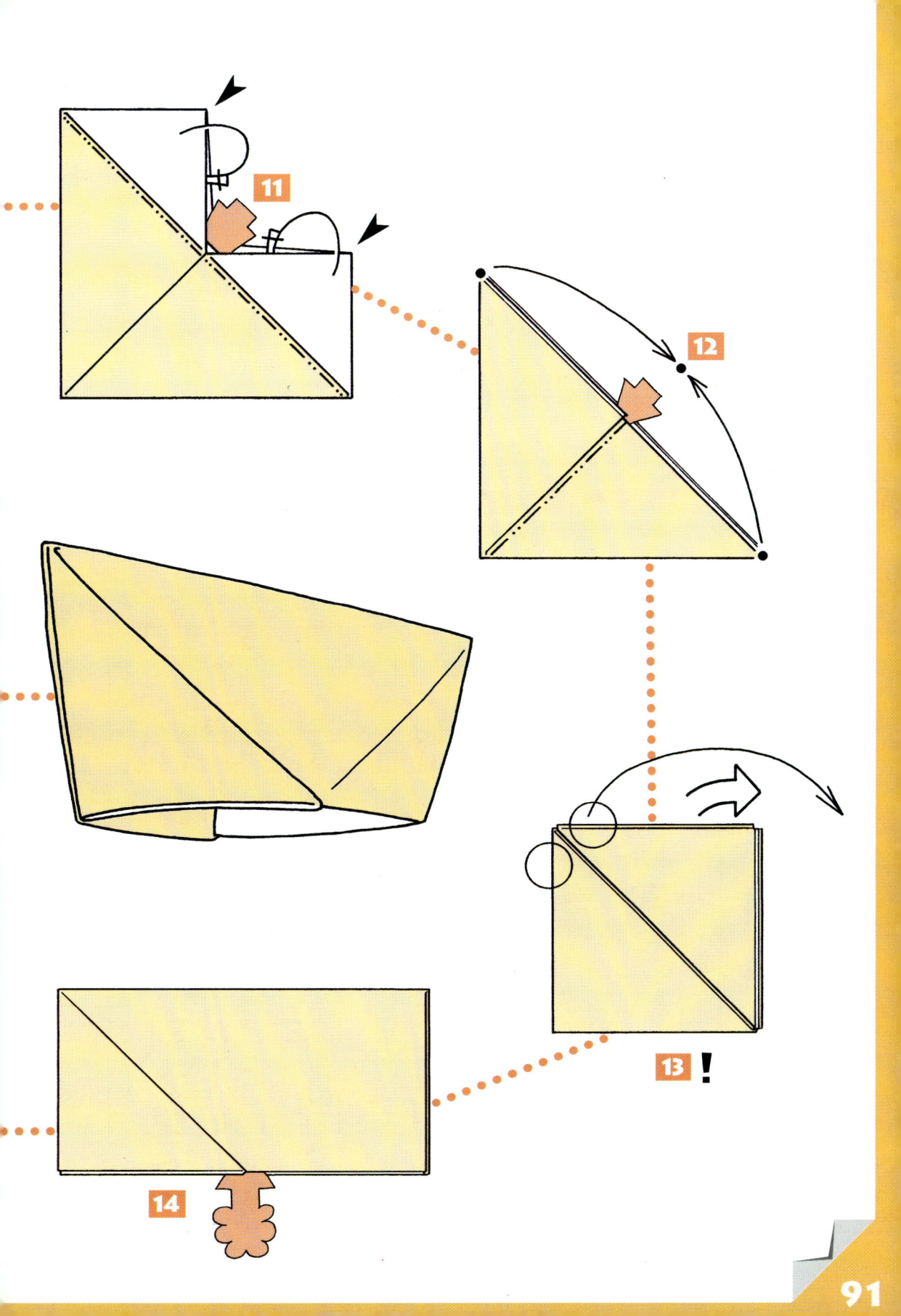

12

13 !

14

91

KARUSSELL

MASSANGABEN (in cm)

Länge = $\dfrac{\text{Kopfumfang} \times 70}{59}$

Breite = $\dfrac{\text{Kopfumfang} \times 54}{59}$

zur Vorbereitung der Fläche s. Umschlaginnenseite vorn

1

Maße am Raster:
- 1/27
- 0,5/27
- 3/27
- 0,5/27
- 15/27
- 1/27
- 1/27
- 3/27
- 1/27

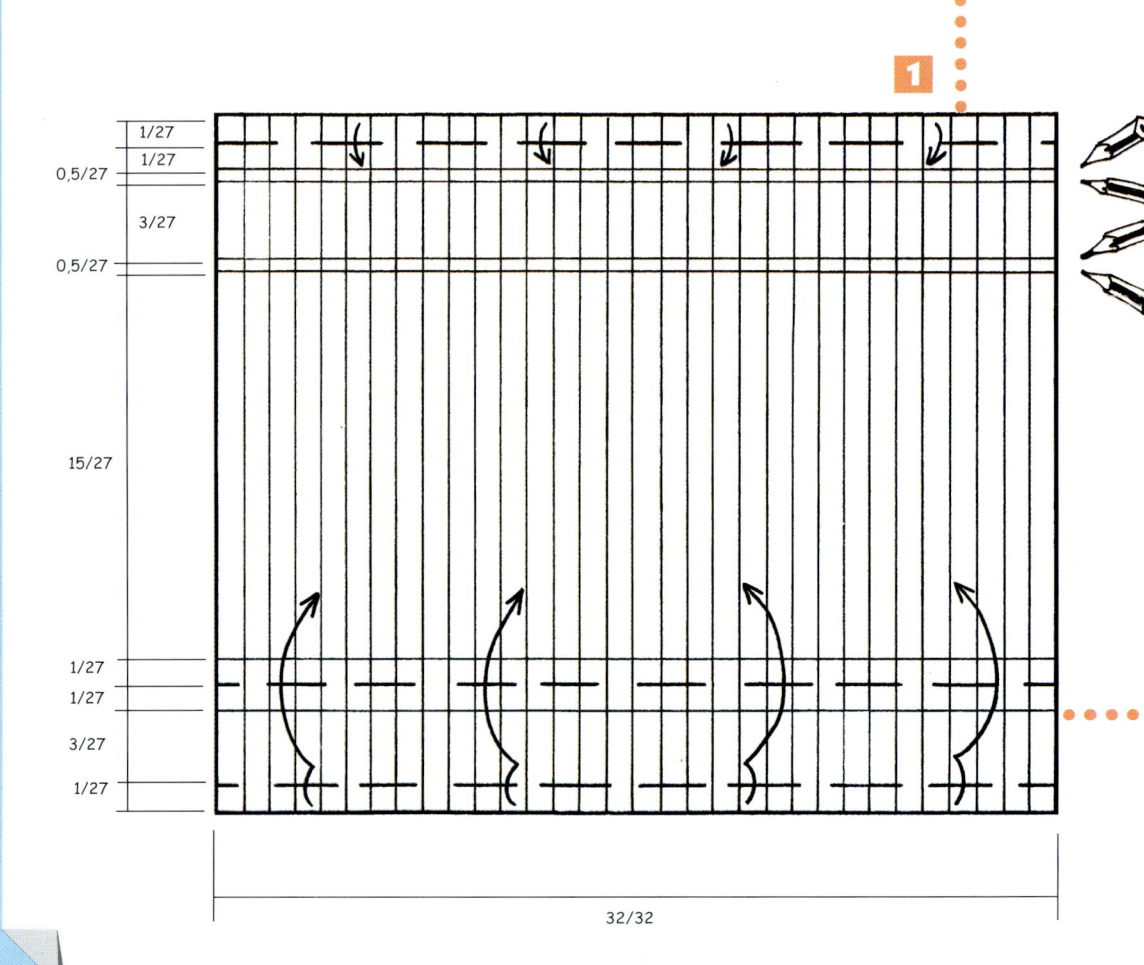

Breite: 32/32

Dieser Hut wird mit der sogenannten *Troublewit* -Technik gefaltet, von der bereits im Vorwort die Rede war. Die Menge an Hüten, die man mit dieser Technik falten kann, könnte ein ganzes Buch füllen. Hier habe ich die einfachsten Faltungen verwendet, aber wenn man will, kann das Ganze unglaublich verkompliziert werden.

■ Egal wie dick das Papier ist: man sollte die Tischkante beim Falten zu Hilfe nehmen.

■ Bei bedrucktem Papier kommen die Wölbungen selbst weniger zum Vorschein, aber der Hut sieht trotzdem gut aus. Klebt man zwei Papierbögen aneinander, läuft man Gefahr, dass die Faltungen nicht ganz sauber abgeschlossen sind.

■ Bis zum 8. Schritt sollte man sich beim Falten Zeit nehmen und Geduld haben. Die dann folgenden Schritte bedürfen einer besonderen Ruhe, damit man beim Zusammenfügen nicht die Nerven verliert.

■ Beim ersten Aufsetzen nimmt der Hut die Kopfform an und verliert sie nicht mehr.

■ Wenn man will, kann man natürlich auch andere Formen und Maße verwenden (s. Foto), wobei dann die gleiche Technik angewendet wird.

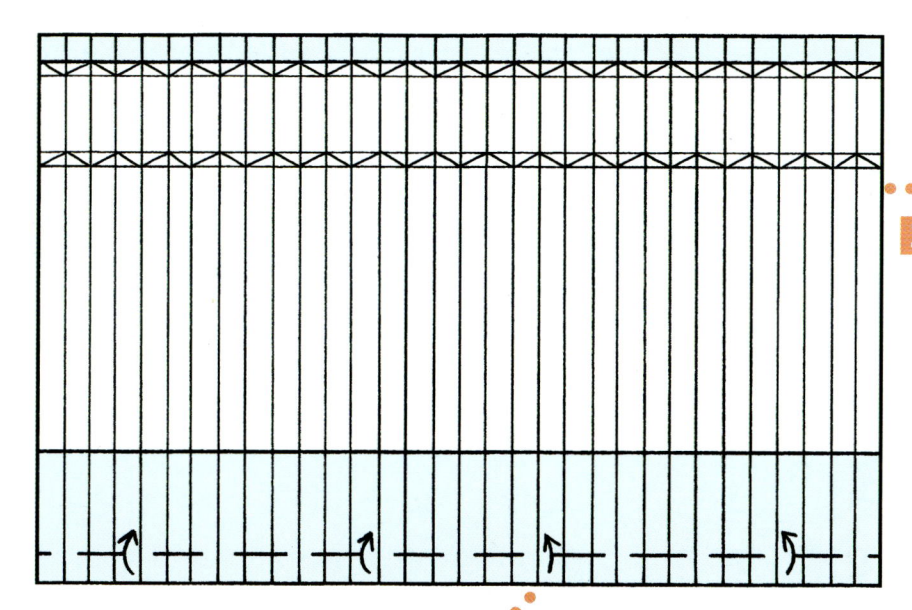

94

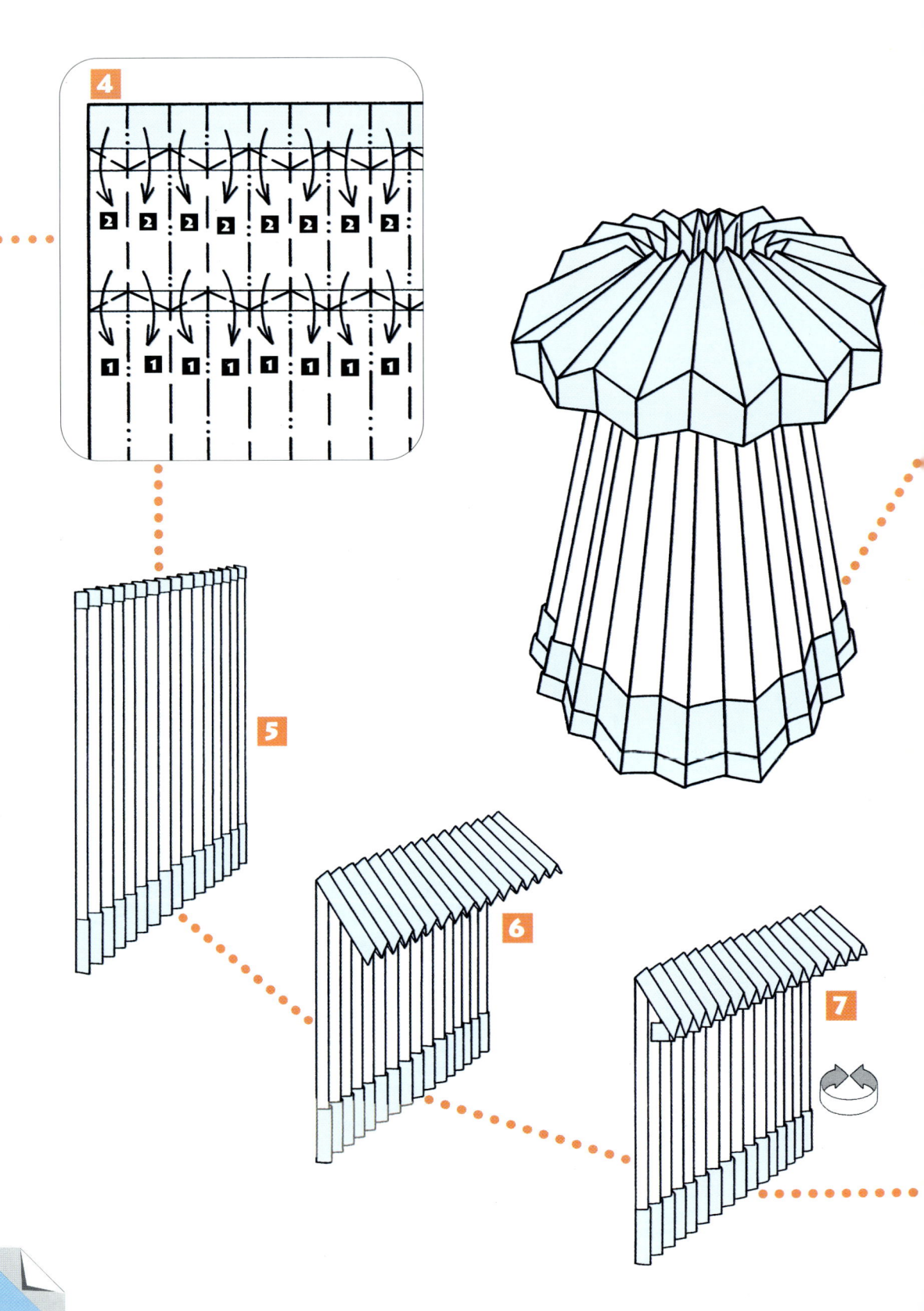

8

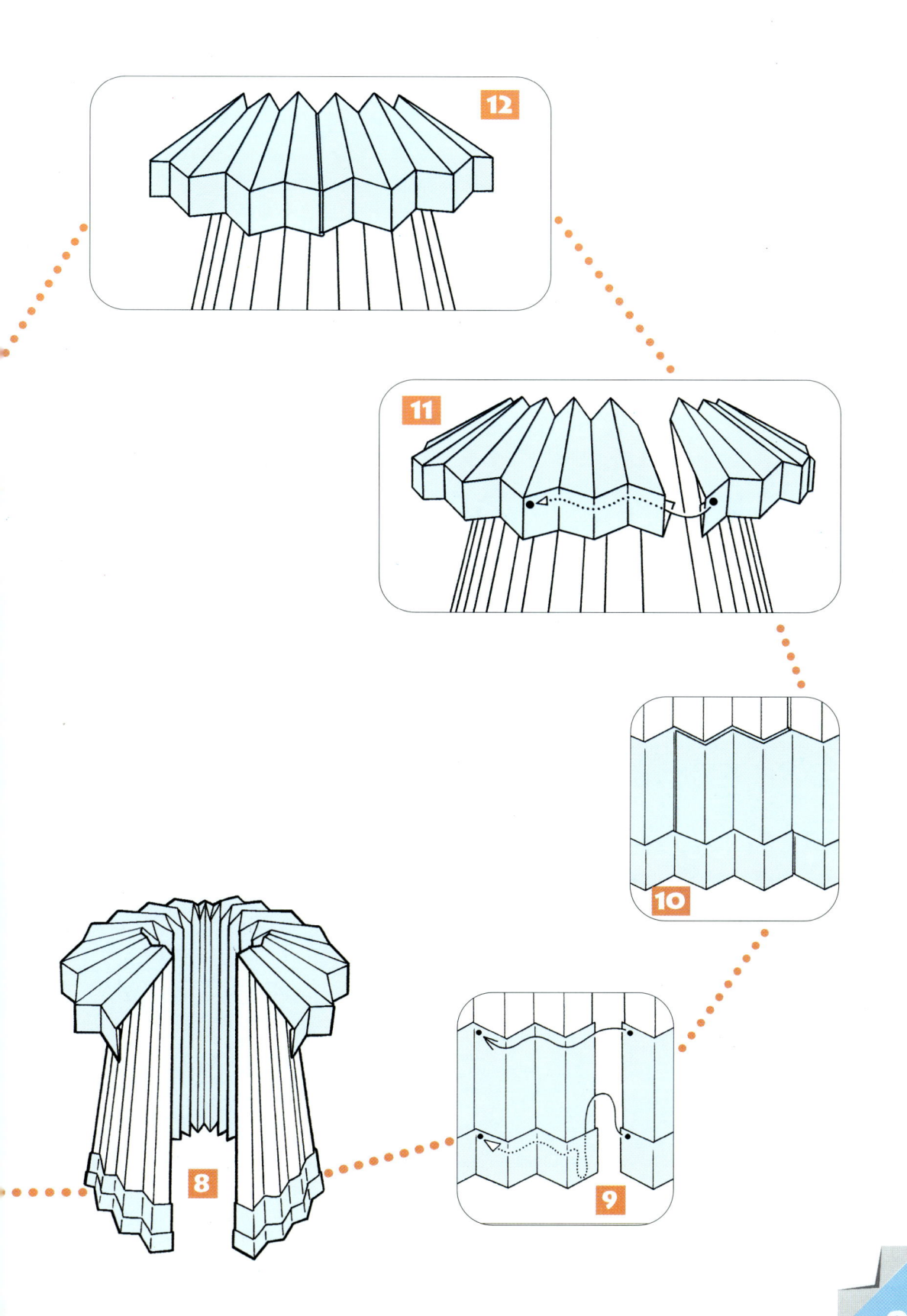

9

10

11

12

95

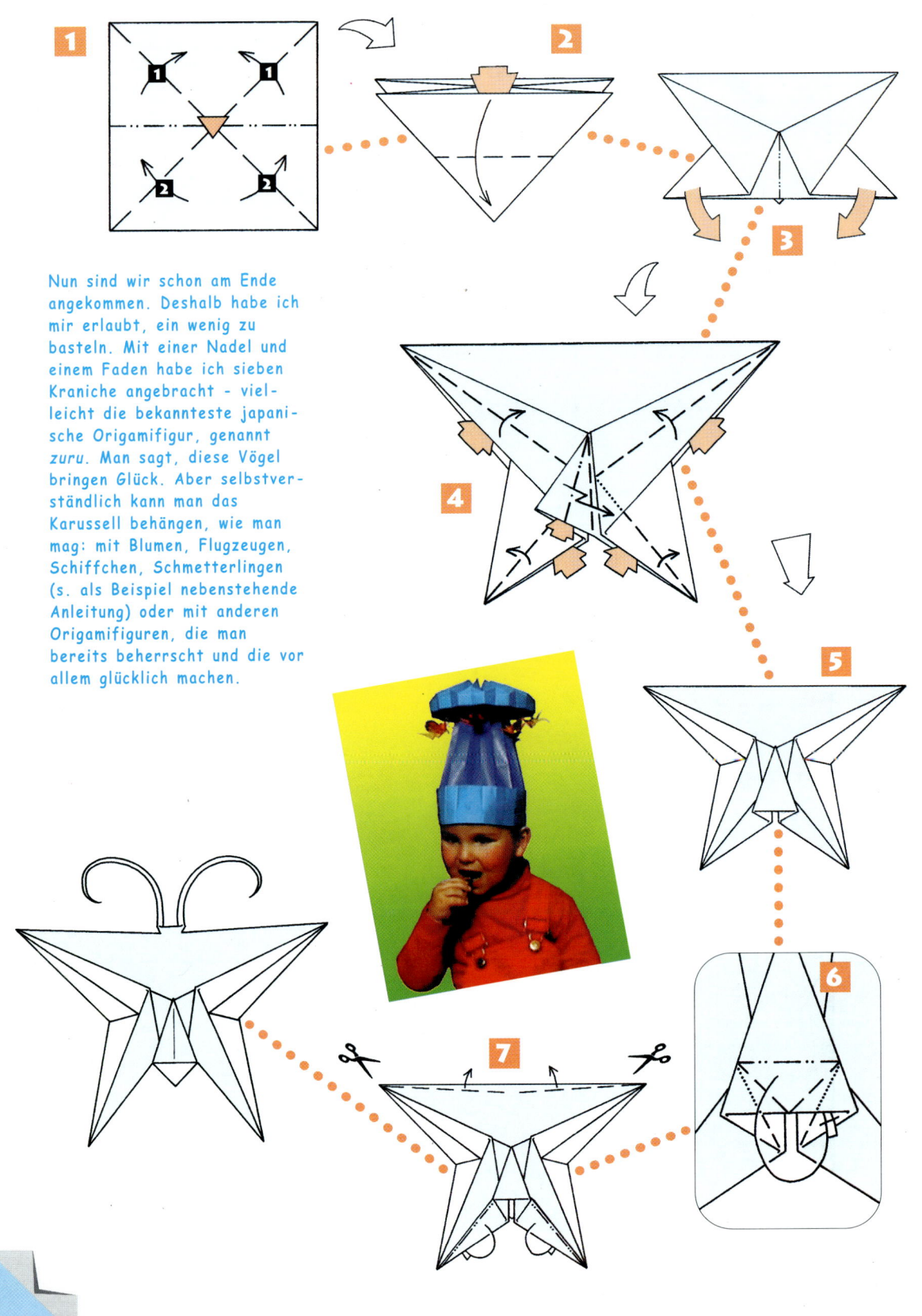

Nun sind wir schon am Ende angekommen. Deshalb habe ich mir erlaubt, ein wenig zu basteln. Mit einer Nadel und einem Faden habe ich sieben Kraniche angebracht - vielleicht die bekannteste japanische Origamifigur, genannt *zuru*. Man sagt, diese Vögel bringen Glück. Aber selbstverständlich kann man das Karussell behängen, wie man mag: mit Blumen, Flugzeugen, Schiffchen, Schmetterlingen (s. als Beispiel nebenstehende Anleitung) oder mit anderen Origamifiguren, die man bereits beherrscht und die vor allem glücklich machen.